who?

글·그림 Team. 신화

Team. 신화는 재미있는 만화를 만들기 위해 항상 노력하는 창작 그림 집단입니다. 작품으로는 《기탄 교과서 만화》, 《세계 여행기 시리즈》, 《한국 고전 천자문》, 《만화 어린이 꿈 발전소》, 《코믹 꿈꾸는 다락방》이 있습니다.

감수 경기초등사회과연구회
진로 탐색 감수 이랑(한국고용정보원 전임연구원)
추천 송인섭(숙명 여자 대학교 명예 교수)

 세계 인물

프리드리히 니체

개정판 1쇄 인쇄 2024년 11월 15일
개정판 1쇄 발행 2025년 1월 1일

글·그림 Team. 신화

펴낸이 김선식
펴낸곳 다산북스

부사장 김은영
어린이사업부총괄이사 이유남
책임편집 박세미 **디자인** 김은지 **책임마케터** 김희연
어린이콘텐츠사업1팀장 박정민 **어린이콘텐츠사업1팀** 김은지 박세미 강푸른
마케팅본부장 권장규 **마케팅3팀** 최민용 안호성 박상준 김희연
편집관리팀 조세현 김호주 백설희 **저작권팀** 이슬 윤제희 **제휴홍보팀** 류승은 문윤정 이예주
재무관리팀 하미선 김재경 임혜정 이슬기 김주영 오지수
인사총무팀 강미숙 이정환 김혜진 황종원
제작관리팀 이소현 김소영 김진경 최완규 이지우 박예찬
물류관리팀 김형기 김선민 주정훈 김선진 한유현 전태연 양문현 이민운

출판등록 2005년 12월 23일 제313-2005-00277호
주소 경기도 파주시 회동길 490
전화 02-704-1724 **팩스** 02-703-2219
다산어린이 카페 cafe.naver.com/dasankids **다산어린이 블로그** blog.naver.com/stdasan
종이 신승NC **인쇄** 북토리 **코팅 및 후가공** 평창피앤지 **제본** 대원바인더리

ISBN 979-11-306-5833-9 14990

• 책값은 표지 뒤쪽에 있습니다.
• 파본은 본사와 구입하신 서점에서 교환해 드립니다.
• 이 책은 저작권법에 의하여 보호를 받는 저작물이므로 무단 전재와 복제를 금합니다.
• 이 책에 실린 사진의 출처는 셔터스톡, 위키피디아, 연합뉴스 등입니다.

품명: 도서 **제조자명:** 다산북스
제조국명: 대한민국 **전화번호:** 02)704-1724
주소: 경기도 파주시 회동길 490
제조년월: 판권 별도 표기 **사용연령:** 8세 이상

※ KC마크는 이 제품이 공통안전기준에 적합하였음을 의미합니다.

프리드리히 니체

Friedrich Nietzsche

다섯
어린이

자신만의 멘토를 만날 수 있는 who? 시리즈

　다산어린이의 〈who?〉 시리즈는 어린이들은 물론 어른들에게도 재미와 감동을 주는 교양 만화입니다. 〈who?〉 시리즈는 전 세계 인류에 영향력을 끼친 인물들로 구성되었으며 인물들의 삶과 사상을 객관적으로 전해 줍니다.

　이처럼 다양한 나라와 분야에서 활약한 위인들의 이야기를 통해 과학, 예술, 정치, 사상에 관한 정보는 물론이고, 나라별 문화와 역사까지 배우게 될 것입니다. 〈who?〉 시리즈의 가장 큰 장점은 위인들이 그들의 삶에서 겪은 기쁨과 슬픔, 좌절과 시련, 감동을 어린이들이 함께 느낄 수 있다는 것입니다. 어린이들은 이 책을 읽으면서 폭넓은 감수성을 함양하게 됩니다.

　〈who?〉 시리즈의 어린이 독자들이 책 속의 위인들을 통해 자신만의 멘토를 만나 미래의 세계적인 리더로 성장하기를 진심으로 응원합니다.

존 덩컨 미국 UCLA 동아시아학부 교수

존 덩컨(John B. Duncan) 교수는 한국학 분야의 세계적인 석학으로 미국 UCLA 한국학 연구소 소장 및 동 대학의 동아시아학부 교수를 겸직하고 있습니다. 하버드 대학교 교환 교수와 고려 대학교 해외 교육 프로그램 연구센터장을 역임했으며, 주요 저서로는 《조선 왕조의 기원》, 《조선 왕조의 시민 행정의 제도적 기초》 등이 있습니다.

세상을 더 나은 곳으로 만든
사람들의 이야기

어린이들은 자라면서 수많은 궁금증을 가지게 됩니다. 그중에서도 "저 사람은 누굴까?"라는 질문은 종종 아이들의 머릿속을 온통 지배해 버리기도 합니다. 다산어린이에서 출간된 〈who?〉 시리즈는 그런 궁금증을 해결해 주기 위해 지구촌 다양한 분야의 리더들을 소개하고 있습니다.

〈who?〉 시리즈에 등장하는 인물들은 인종과 성별을 넘어 세상을 더 나은 곳으로 만든 사람들입니다. 어린이들은 이 책에서 디지털 아이콘으로 불리는 스티브 잡스는 물론 니콜라 테슬라와 같은 천재 발명가를 만날 수 있습니다.

책 속 주인공들의 어린 시절 이야기를 통해 기쁨과 슬픔, 도전과 성취감을 함께 맛보고, 그들과 함께 성장하면서 스스로 창조적이고 인류에 도움이 되는 사람이 되겠다는 포부와 자신감을 갖게 될 것입니다.

〈who?〉 시리즈 속에서 다채롭고 생동감 넘치는 위인들의 이야기를 만나 보세요.

에드워드 슐츠 하와이 주립 대학교 언어학부 교수

에드워드 슐츠(Edward J. Shultz) 하와이 주립 대학교 언어학부 교수는 동 대학의 한국학센터 한국학 편집장을 역임한 세계적인 석학입니다. 평화봉사단 활동의 하나로 한국에서 영어 교사로 근무한 경험이 있으며, 현재 한국과 미국, 일본을 오가며 활발한 활동을 펼치고 있습니다. 저서로는 《중세 한국의 학자와 군사령관》, 《김부식과 삼국사기》 등이 있고, 한국 중세사와 정치에 대한 다수의 기고문을 출간했습니다.

미래 설계의 힘을 얻는 길이
여기에 있습니다

어린이가 성장하는 시기에는 스스로 미래를 설계하며 다양한 책을
접하는 경험이 필요합니다.

어린 시절 만난 한 권의 책이 인생에 미치는 영향이 얼마나 큰지는
꿈을 이룬 사람들의 말을 통해서 알 수 있습니다. 빌 게이츠는 오늘날
자신을 만든 것은 동네의 작은 도서관이었다고 말하고, 오프라 윈프리는
어린 시절 유일한 친구는 책이었음을 고백하며 독서의 중요성에 대해
이야기합니다.

꿈을 이룬 사람들의 공통점은 또 있습니다. 그들에게는 어린 시절,
마음속에 품은 롤 모델이 있었습니다. 여러분의 롤 모델은 누구인가요?
〈who?〉 시리즈에서는 현재 우리 어린이들이 가장 닮고 싶어하는 롤
모델을 만날 수 있습니다. 버락 오바마, 빌 게이츠, 조앤 롤링, 스티브
잡스 등 세상을 바꾼 사람들의 감동적인 이야기를 담은 〈who?〉 시리즈는
어린이들이 구체적인 목표를 설정하고 희망찬 비전을 세울 수 있도록
도와줄 친구이면서 안내자입니다. 〈who?〉 시리즈를 통하여 자신의 인생
모델을 찾고 미래 설계의 힘을 얻을 수 있습니다.

송인섭 숙명 여자 대학교 명예 교수

숙명 여자 대학교 명예 교수이자 한국영재교육학회 회장으로
자기주도학습 분야의 최고 권위자입니다. 한국교육심리연구회
회장, 한국교육평가학회장, 한국영재연구원 원장을 역임했습니다.
자기주도학습과 영재 교육의 이론을 실제 교육 현장에 적용하기 위해
노력하고 있습니다.

평생을 이끌어 줄
최고의 멘토를 만날 수 있는 책

    10대에 가장 중요한 것은 무엇일까요? 학과 공부와 입시일까요? 우리나라 최초의 국제회의 통역사로 30년 동안 활동하면서 글로벌 리더들을 만날 기회가 수없이 많았던 저는 대한민국의 초등학생들에게 특별한 조언을 해 주고 싶습니다. 그것은 큰 꿈을 가지는 것이 무엇보다 중요하다는 것입니다.

    꿈은 힘들고 지칠 때 나를 이끌어 주는 힘이고 내 인생의 주인이 되어 일어설 수 있게 하는 원동력이 되어 줍니다. 꿈이 있는 아이가 공부도 잘하고 결국 그 꿈을 실현할 수 있게 되는 것입니다. 저 역시 어린 시절 품었던 꿈이 지금의 자리에 있게 한 원동력이었습니다. 남들이 모르는 큰 꿈을 마음속에 간직하고 있었기에 괴롭고 힘들어도 포기하지 않고 다시 일어설 수 있었습니다.

    어린 시절 저에게도 힘들고 지칠 때마다 용기를 불어넣어 주고 힘이 되어 주었던 분들이 있었습니다. 지금의 자리로 저를 이끌어 준 멘토들처럼 〈who?〉 시리즈에서 여러분의 친구이자 형제, 선생이 되어 줄 멘토를 만날 수 있기를 바랍니다.

최정화 한국 외국어 대학교 교수

우리나라 최초의 국제회의 통역사로 현재 한국 외국어 대학교 통번역대학원 교수로 재직 중입니다. 세계 무대에서 자신의 꿈을 이룬 여성 신화의 주인공으로, 역시 세계에서 꿈을 펼치려고 하는 청소년들에게 멘토로서의 역할을 충실히 하고 있습니다. 저서로는 《외국어 내 아이도 잘할 수 있다》,《외국어를 알면 세계가 좁다》, 《국제회의 통역사 되는 길》 등이 있습니다.

차 례

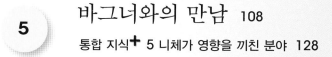

프리드리히 니체

"신은 죽었다."라고 말하며 전통적인 도덕이나 종교에
의존하기보다, 인간 자신의 의지가 중요하다고 주장한 철학자예요.
아버지의 죽음 같은 비극과 평생을 괴롭힌 병마에 맞서며 자신의
생각을 세웠지요. 그의 사상은 두 차례의 큰 전쟁을 겪으며
혼란에 빠진 사람들에게 자신의 힘으로 우뚝 설 수 있는 용기를
주었답니다.

- 이름: 프리드리히 니체
- 생몰년: 1844~1900년
- 국적: 독일
- 직업·활동 분야: 철학
- 대표작: 《차라투스트라는
  이렇게 말했다》, 《비극의
  탄생》

리하르트 바그너

독일의 유명한 음악가예요. 연주에 있어서 혁신적인 형식을 만들어 성공했지요. 젊은 시절 바그너를 만난 니체는 그를 아버지처럼 따랐어요. 《비극의 탄생》을 그에게 헌정하기도 했지요. 하지만 바그너의 잘못된 생각을 발견하고 그와 의견을 달리하면서 멀어지게 되었습니다.

엘리자베트 푀르스터니체

프리드리히 니체의 하나뿐인 여동생이에요. 어려서는 니체를 무척 따랐고, 자라서는 병에 걸린 니체가 세상을 떠날 때까지 돌보았어요. 그러나 이후 니체의 글을 자신의 생각에 맞게 고쳐 출간해서, 니체의 사상이 나치에 악용되고 오해받게 했어요.

들어가는 말

- 삶의 고난과 어려움에 맞서며, 인간의 자기 극복 의지를 알린 니체의 삶과 생각을 살펴보아요.
- 프리드리히 니체의 사상이 20세기 예술과 사회에 어떤 영향을 미쳤는지 알아볼까요?
- 니체가 자신의 생각을 어떻게 발전해 나갔는지를 돌아보며, 철학자는 어떤 일을 하는지 알아보아요.

1 슬픔을 극복하고

프로이센의 뢰켄 마을.

어르신, 건강하시지요?

저야 건강하지요.

그보다 목사님 댁에선 아직 아이 소식이 없나요? 곧 나올 때가 됐다고 하던데요.

저도 소식이 오기만을 기다리고 있습니다.

목사님!

사모님께서 진통을 시작하셨어요.

저, 정말요?

오, 드디어!

먼저 실례하겠습니다!

서둘러요!

순산하세요!

여보!

아이는 곧 나올 테니, 점잖게 기다리렴.

고모님!

1844년 10월 15일. 카를 루트비히 니체와 프란치스카 욀러 사이에서 사내아이가 태어났습니다.

아이가 태어난 날은 프로이센의 왕이었던 프리드리히 빌헬름 4세의 생일과 같았습니다. 그래서 부모님은 왕의 이름을 따서 아이에게 '프리드리히 니체'라는 이름을 지어 주었습니다.

그래, 네 이름은 프리드리히 니체다! 애칭으로 프리츠라고 부르면 되겠구나.

오늘은 마태복음 5장 1절에 관해 이야기하겠습니다.

아버지가 목사였기 때문에 프리츠는 어머니와 함께 어릴 때부터 교회에 다녔습니다.

몇 년 뒤.

어떤 고난에도 믿음을
잃지 않은 욥의 이야기는
정말 감동적이었습니다.

프리츠, 거기서
뭐 하니?

아빠를
기다리고 있지요.

자, 이리 오렴.

뭔가 물어보고
싶은 게 있니?

네!

고모할머니는 아빠가
세상에서 제일 훌륭한
목사님이래요.

그리고 우리 조상 중에 아빠처럼
훌륭한 사람이 아주 많았대요.
정말이에요?

음, 그건
말이지…….

그래! 우리 가문에선 성직자가 스무 명이나 나왔단다.

거기다 네 할아버지는 아주 영향력 있는 목사셨지.

우아, 정말 대단하다!

그리고 이건 비밀인데 말이야.

사실 우리 조상은 '니츠키'라는 성을 가진 폴란드의 귀족이었단다.

폴란드에서 기독교를 못 믿게 하니까 독일로 도망쳐 온 뒤, 성을 '니체'라고 바꾼 거야. 정말 용기 있는 분들이었지.

두근   두근

그럼 우리는 대단한 집안이었던 거네요!

그럼!

와, 난 귀족의 후예다!

프리츠가 오늘 따라 몸에 힘이 많이 들어갔는걸요?

그러게요.

프리츠, 몸에 왜 그렇게 힘을 주고 걷니?

전 귀족의 후예니까 더 당당하고 품위 있게 걸어야지요!

앞으로도 계속 그렇게 걸을 거니?

그럼요!

사실 프리츠의 집안이 폴란드 귀족 출신이라는 것은
집안 어른들의 추측으로, 확실한 것은 아니었습니다. 하지만
프리츠는 어린 시절, 가문에 전해져 오는 이 이야기를
진실이라고 믿으며 자신감을 가지고 자랐습니다.

프리츠의 가족이 살던 마을은 평화롭고 아름다워서
아이들에게는 천국과도 같은 곳이었습니다.

프리츠는 이런 자연환경 속에서 가족의 사랑을
듬뿍 받으며 건강하고 행복하게 자랐습니다.

아빠! 우리 다음에 또 놀러 와요!

그러자꾸나.

매일매일 이렇게 즐거웠으면 좋겠어요, 아빠.

1848년 9월의 어느 날이었습니다.

식사하세요!

그래, 곧 내려가마.

윽!

어디 아프세요?

괜찮단다, 그냥 피곤해서 그래.

슬픔을 극복하고 **21**

오, 음식 냄새가
기가 막힌걸.

그럼요,
누구 솜씨인데요.

앗!

어질

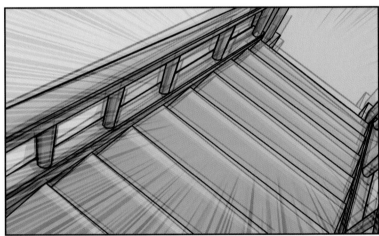

삐긋

으아악!

위청

여보!

아빠!

괜찮아. 발을 좀 헛디뎠어.

당신 요즘 이상해요. 두통도 심해지고 근육통도 잦고.

내 나이 이제 고작 서른다섯 살이야. 걱정하지 말고 저녁이나 먹읍시다.

프리츠, 오늘은 네가 식사 기도를 하겠니?

네!

하늘에 계신 우리 아버지. 오늘도 우리에게 맛있는 식사를……

스륵

쿵

여보!

아빠!

난 괜찮다니까 그러네. 책이라도 읽게 해 줘.

완전히 나을 때까진 안 돼요!

아빠, 정말 괜찮은 거죠?

당연하지! 며칠 있다가 아빠랑 또 낚시 가자.

이번엔 이 팔뚝만 한 물고기를 잡아 주마!

와, 아빠 최고!

자, 아빠는 쉬셔야 하니까 인제 그만 나가보렴.

네.

내가 걱정할까 봐 아픈 것도 참으신 것 같아.

하느님, 아빠가 빨리 나아서 벌떡 일어나게 해 주세요.

그러나 아버지의 병은 점점 더 심해지기만 했고, 마을의 여러 의사도 아버지의 병에 대해서 알아내지 못했습니다.

계단에서 굴러떨어질 때 충격을 받은 게 아닐까요?

두통이 심한 걸 보면 다른 병이 원인일 가능성이 높아요.

큰 도시에 있는 의사에게 진찰받는 게 좋겠습니다. 제가 편지로 부탁해 보지요.

감사합니다.

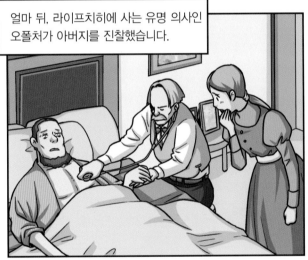

얼마 뒤, 라이프치히에 사는 유명 의사인 오폴처가 아버지를 진찰했습니다.

어떤 병인지 알아내셨나요?

유감입니다만, 이 병은 현재 의료 수준으로는 치료할 수 없습니다.

목사님은 *뇌연화증입니다. 앞으로 점점 말하기 힘들어지고 몸도 안 움직이게 될 겁니다. 마지막에는……

그만, 그만하세요!

*뇌연화증: 뇌에 혈액을 보내는 동맥이 막혀 혈액이 흐르지 못하거나 방해를 받아 뇌 조직이 괴사하는 병

이대로 아무것도 할 수 없다니······.

아빠·······.

뇌연화증으로 인한 증상은 정신병에 걸린 것과 비슷했습니다.

여보, 진정해요!

으어어!

그래서 어린 프리츠의 눈에는 아버지가 마치 미쳐 가고 있는 것처럼 보였습니다.

프, 프리, 츠!

아빠!

보, 봄이 되면 아빠랑 노, 놀러 가자.

네, 기다릴게요!

몇 달 뒤.

여보! 여보!

할머니, 무슨 일이에요?

불쌍한 프리츠!

할머니?

아, 아빠…….

아빠!

1849년 7월 27일, 병으로 누운 지 아홉 달 만에 프리츠의 아버지가 서른여섯의 젊은 나이로 생을 마감했습니다.

하느님의 종이
당신 곁에 서기 위해
세상을 떠났습니다.

아빠가 돌아가셨다는 게
믿어지지 않아. 여전히 집에
계실 것만 같은데…….

다시는 아빠를
볼 수 없다는 게 정말일까?

아버지의 죽음은 어린 프리츠에게
큰 충격으로 다가왔습니다.

에구, 불쌍한 것.

프리츠,
나와서 밥이라도
먹으렴.

프리츠?

엄마……,
아빠가 보고 싶어요.

아빠를 다시
볼 수 없다는 게
너무 슬퍼요.

프리츠!

비극은 아버지의 죽음만으로 끝나지 않았습니다. 바로 일 년 뒤, 프리츠의 막냇동생 요제프가 갑자기 사망했던 것입니다.

요제프마저 죽다니, 어떻게 이런 일이……

엄마, 나도 죽는 거 아니에요? 아빠처럼, 요제프처럼?

걱정하지 마, 프리츠. 엄마가 네 곁에서 널 항상 지켜 줄 거야. 너마저 떠난다면 엄마는 도저히 살 수가 없단다.

우리 기도하자. 하늘에 있는 아빠와 요제프가 평안하기를.

이 이후로 프리츠는 여동생인 엘리자베트를 더욱 아끼게 됐습니다.

오빠, 울어?

엘리자베트, 넌 이제 나한테 하나뿐인 동생이야.

착한 엘리자베트. 우리 언제까지나 서로 아끼며 살자.

아버지와 요제프가 세상을 떠나자, 마을에는
새로운 목사가 왔습니다. 그때까지 목사관에서
살던 프리츠 가족은 집을 내줘야 했고,
뢰켄 마을을 떠나 친척들이 사는
나움부르크로 이사를 하게 되었습니다.

뢰켄 마을

나움부르크

나움부르크.

오빠, 옆에서
놀아도 돼?

어, 그래.

엘리자베트,
지금 뭐 하는 거니?

오빠를 무척 좋아했던 엘리자베트는 여섯 살 무렵부터
프리츠가 쓰고 버린 낙서를 모았습니다.

난 오빠에 대해서 기록할 거야.
오빠는 굉장히 똑똑하니까
세상에서 제일 유명한 사람이
될 거거든.

나도
그랬으면
좋겠다.

프리츠.

네, 엄마.

엄마랑 잠시 얘기
좀 할래?

무슨 일인데요?

이제 너도 여섯 살이 됐잖니.
그러니 네가 입학할
학교를 알아보자꾸나.

학교요?

내가 학교에
가다니…….

프리드리히 니체의 성공 열쇠

실존 철학의 선구자 프리드리히 니체

프리드리히 니체는 다른 철학자들과 달리 많은 글을 남기지 않았습니다. 게다가 본격적으로 집필 활동에 매진한 기간도 비교적 짧은 편이지요. 젊을 땐 문헌학 교수로 활동했고, 말년에는 병 때문에 오랫동안 의식을 되찾지 못했기 때문이었습니다. 하지만 많은 철학자는 '현대 철학은 니체 덕분에 살아 있다.'고 이야기하며 그를 높이 평가합니다. 19세기까지 대부분의 철학이 궁극적인 진리와 존재에 대한 탐구, 세계의 기원 등 손에 잡히지 않는 무언가를 궁리했지만, 프리드리히 니체는 지금의 현실과 자기 자신의 문제를 궁리했기 때문입니다. 니체 덕분에 철학의 중심이 '신'에서 '인간의 내면'으로 옮겨 왔다고 볼 수 있지요. 이것이 바로 현대 철학의 가장 중심이 되는 생각이라고 볼 수 있습니다.

1861년, 열일곱 살의 프리드리히 니체

하나 독립심

프리드리히 니체는 아주 어린 나이에 아버지와 남동생을 잃었습니다. 그 뒤, 어머니와 할머니, 여동생 등 자신을 제외하고는 모두 여자뿐인 집에서 자랐지요. 그래서 사람들은 그가 소극적이고 연약하다고 여겼습니다. 하지만 프리드리히 니체는 유약해 보이는 겉모습과 달리 굉장히 독립심이 강한 소년이었습니다. 고작 열네 살의 나이에 집을 떠나 기숙 학교에 들어갈 것을 스스로 결정할 정도였지요. 성인이 된 뒤에도 그는 남의 도움을 받기보다는 스스로 결정해 도전하는 경우가 많았습니다. 많은 일을 스스로 판단하려 했고, 그것이 옳다고 생각되면 어떤 비난을 받더라도 과감하게 주장을 펼쳤습니다.

자신의 삶을 스스로 이끌어 나가고자 한 독립심이야말로
프리드리히 니체가 위대한 철학자가 된 가장 큰 이유일
것입니다.

둘 환경에 순응하지 않은 저항 정신

프리드리히 니체가 살던 당시, 종교를 비판한다는
것은 엄청난 비난을 각오해야만 하는 일이었습니다.
대표적으로 찰스 다윈은 인간이 진화를 통해
만들어졌다는 '진화론'을 주장하여 교회와
창조론자들로부터 무수한 공격을 받았지요. 이렇게
종교에 대한 비판이 어렵던 시절, 프리드리히 니체는
'신은 죽었다'라는 과격한 주장으로 사람들에게 큰
충격을 주었습니다.

다윈의 진화론이 나온 뒤, 이를 비꼬는 만평.
당시에는 종교를 비판하는 일에 많은 비난이
뒤따랐습니다.

프리드리히 니체는 목사인 아버지 때문에 어린 시절부터
교회에 다녔어요. 하지만 여러 지식을 접하게 되면서 사람들이
성경을 의심조차 하지 않고 신의 존재를 자연스럽게
받아들이는 것을 이상하게 생각했습니다. 니체 자신은
신의 존재를 느끼기 힘들었기 때문입니다. 그 결과,
프리드리히 니체는 사람들에게 신에게서 벗어나 당당히 설
것을 주장했지요. 이것은 그가 철학자의 길로 들어서게 된
계기가 되었습니다.

이처럼 프리드리히 니체는 자신을 둘러싼 환경을 아무
생각 없이 받아들이지 않았어요. 그는 끊임없이 고민했고,
자신의 생각에 대한 사람들의 비난을 이겨 내며 의견을
꺾지 않았지요. 그에게 이러한 저항 정신이 있었기에,
니체의 철학과 사상이 만들어진 지 지금으로부터 백여 년이
지났음에도 현대를 살아가는 사람들에게 여전히 큰 가르침을
주게 되었습니다.

프리드리히 니체가 다녔던 본 대학교의 전경
© Hans Weingartz

셋 자기 극복의 의지

어린 시절부터 몸이 약했던 프리드리히 니체는 평생 두통이나 눈병과 같은 여러 가지 병에 시달렸습니다. 그는 병 때문에 교수 생활의 대부분을 쉬며 보내야 했고, 결국 교수직을 그만둬야 했습니다. 이후에는 병을 고치기 위해 죽을 때까지 환경이 좋은 곳을 찾아 떠돌아다녔지요.

보통 사람이었다면 자신을 괴롭히는 병과 길고 긴 휴양에 지쳐 학문의 길을 포기한 채 인생을 낭비했을지도 모릅니다. 하지만 프리드리히 니체는 그 기간을 자기 철학을 갈고 다듬는 시간으로 여겼고, 병 때문에 겪는 고통을 자신을 극복하는 시간으로 삼았어요. 그는 고통스러운 상황 속에서도 글을 쓰고 연구하는 것을 게을리하지 않았습니다. 오히려 글을 쓸 때에 자기가 살아 있다는 것을 느꼈고, 병의 고통도 잊을 수 있었지요.

이처럼 프리드리히 니체는 고통을 문학과 철학으로 발전시킨 의지가 굳건한 사람이었습니다.

프리드리히 니체가 스위스 질스마리아에서 휴양할 때 머물렀던 집

1899년, 한스 올데가 찍은 정신 질환을 앓고 있는 프리드리히 니체

who? 지식사전

프리드리히 니체의 명언

몇몇 철학자는 자기 생각을 풀어서 설명하기보다는 간결하고 압축된 형식의 짧은 글로 표현해요. 그들이 쓴 글은 '아포리즘'이라고 하는데, 우리 말로 하자면 '잠언', '격언' 등으로 해석할 수 있지요. 프리드리히 니체는 이 '아포리즘'을 통해 자신의 사상을 표현했어요. 그래서 그의 사상은 간결하지만 여러 갈래로 해석됩니다. 그가 남긴 아포리즘을 천천히 읽으며 의미를 파악해 보세요.

"그렇다. 우리는 먼저 스스로 바다가 되어야 한다. 더러워지지 않으면서 더러운 강물을 받아들이는 바다."

"차라리 고난 속에 인생의 기쁨이 있다. 풍파 없는 항해, 얼마나 단조로운가! 고난이 심할수록 내 가슴은 뛴다."

"철학은 대중들에게 종교를 대신하도록 함으로써 높게 평가된다."

넷   가족의 헌신과 지지

프리드리히 니체가 연구를 이어나갈 수 있었던 데에는
가족의 도움이 있었습니다. 니체의 어머니는 젊은
나이에 남편을 잃고 혼자가 되어서도 정성을 다해 니체
남매를 돌보았습니다. 니체가 건강 문제로 요양하던
시기에는 그가 일에 얽매이지 않고 편안히 쉴 수 있도록
노력했지요. 또한, 그녀는 목사 아버지에게서 태어나
목사 남편을 두었던 독실한 기독교 신자였어요. 하지만
아들이 신학을 포기했을 때 이를 비난하기보다는 아들의
마음을 위로해주고자 했습니다. 니체가 정신 질환으로
의식을 잃고 고통받을 때, 7년 동안 병든 그의 곁을
묵묵히 지켜준 이도 바로 어머니였습니다. 어머니가
돌아가신 뒤에는, 어린 시절부터 오빠를 무척 따랐던
여동생 엘리자베트가 아픈 니체가 세상을 떠날 때까지
돌보아 주었습니다. 이처럼 가족은 니체가 교수가 되어
명성을 쌓아 나갈 때뿐만 아니라, 정신 질환으로 쓰러져
철학자로서 수명을 다했을 때도 그의 곁을 지켰습니다.

프리드리히 니체와 그의 어머니 프란치스카 욀러

독일 나움부르크에 세워진 프리드리히
니체의 동상 ⓒ Fewskulchor

잘못 해석된 프리드리히 니체의 생각, 《힘에의 의지》

이 책은 프리드리히 니체가 세상을 떠난 뒤, 동생인 엘리자베트가 그가 남긴 글을 모아서 편집해
발간한 책이에요. 이 책은 프리드리히 니체를 연구하는 학자들 사이에서 그의 책이라고 보면 안
될 정도로 잘못 만들어진 책이라는 평가를 얻고 있어요. 그것은 엘리자베트가 오빠의 생각을 잘
표현하기 위해 노력하기보다는 자기 생각에 맞춰 글을 고의적으로 삭제하거나 원하는 부분만
돋보이도록 편집해 책을 만들었기 때문입니다.
당시 엘리자베트는 독일의 수상이자 훗날, 제2차 세계 대전을 일으킨 독재자 히틀러를 지지하고
있었어요. 그래서 이 책에서 이야기하는 '힘'을 히틀러의 독재적 권력이라고 해석하며 프리드리히
니체가 독재를 지지하는 것처럼 글을 조작했지요. 하지만 사실 니체가 이야기한 '힘'은 다른
사람을 지배하기 보다는, 삶을 이끌어 나가는 인간의 의지를 이야기하는 것이었습니다.

니체의 간행물 목록. 앞으로
나올 책 목록에 《힘에의
의지》가 들어 있습니다.

2 학교라는 새로운 세상

나움부르크로 이사 온 뒤, 얼마 지나지 않아 프리츠는 독일의 초등 교육 기관에 입학했습니다.

이사한 지 얼마 안 돼서 아는 친구가 전혀 없어.

휴, 언제 다 사귀지?

야!

처음 보는 얼굴이네. 너, 이 동네 아이 아니지?

응, 얼마 전에 뢰켄에서 이사 왔어.

뢰켄이라고? 어디서 들은 것 같은데?

앗, 생각났다! 우리 할머니의 친구분 손자가 근처로 이사 왔다고 하던데. 혹시 너 목사님 댁 아이 아니니?

목사님 아들인 건 맞아. 아빠가 돌아가신 지는 좀 됐지만.

이야, 반갑다! 난 빌헬름 핀더야. 넌?

프리드리히 니체. 프리츠라고 불러 줘.

황제하고 이름이 같잖아? 끝내주게 멋있는 이름이다!

그런가?

우리 할머니랑 너희 할머니는 아주 친하서. 그러니 우리도 친하게 지내자.

그래!

너희의 글쓰기 수준을 알고 싶구나. 여기에 이름과 나이, 주소를 적어 보도록.

난 아직 쓰는 게 서투른데. 어쩌지?

헉! 너 설마 벌써 읽고 쓸 수 있는 거야?

응, 엄마한테서 배웠거든.

너 정말 대단하구나!

거기 조용!

프리츠는 자기 이름뿐만 아니라 엄마, 아빠 이름도 쓸 수 있어. 혼자서 책도 읽을 수 있대.

와!

그럼 내 이름도 써 줄 수 있니? 내 이름은 구스타프 크루크야.

와! 정말 제대로 쓸 줄 알잖아!

읽을 줄 아는 척하긴. 너도 아직 글씨 잘 못 쓰잖아.

이거 왜 이래? 다른 건 몰라도 내 이름만은 확실히 읽고 쓸 줄 안다고.

사실 쓸 줄 아는 건 그게 다지만.

와하하

아버지가 돌아가신 뒤, 여자들 사이에서 자란 프리츠에게 또래 남학생들과 어울리는 것은 쉬운 일이 아니었습니다. 그래서 빌헬름 핀더, 그리고 핀더의 사촌인 구스타프 크루크와 친구가 된 것은 매우 큰 행운이었습니다.

친구들과 잘 어울릴 수 있어서 다행이다.

이러고 있으니까 아빠랑 같이 낚시했던 때가 생각나.

슬프겠지만, 그래도 기운 내.

맞아, 친구 좋다는 게 뭐야. 우리가 있잖아.

친구란 건 정말 좋은 거구나. 난 앞으로도 우정을 소중히 할 거야.

자, 대장. 이번엔 또 뭘 하고 놀까?

대장? 누구한테 하는 소리야?

누구긴 누구야. 바로 너지. 우리보다 아는 게 많으니까 재미있는 장난도 많이 알 거 아니야?

네가 대장이니까 들키면 혼나는 것도 네가 하는 거다!

너무해! 그런 게 어디 있나?

프리츠는 두 친구와 어울리는 것을 무척 즐거워했고, 그들과의 우정을 소중히 여겼습니다.

몇 달 뒤.

프리츠, 너 요즘 피아노 배운다며?

응.

그런데 표정이 왜 그래? 피아노 치는 게 싫어?

아니, 그런게 아니고……

집안 형편도 어려운데, 비싼 수업을 받는 것 같아서 죄송해.

그럼 그런 표정을 지으면 안 되지.

맞아! 오히려 피아노를 더 열심히 배워야겠다고 마음먹어야지.

피아노 하니까 생각났는데, 너희 내일 밤에 시간 있니?

시간은 있는데, 왜?

우리 집에서 근사한 일이 있으니까 놀러 와.

근사한 일?

크루크네 집에 간다고?
그래, 재미있게 놀다 오렴.

하지만 예의 바르게
행동해야 한다.

네, 엄마!

어서 와.

와!

오늘은 너희 집에서 연주회를
하는 날이구나!

참, 너희 아버지
연주가이시지!

응.

오! 너희 왔구나.

안녕하세요.

있는 건 좋다만, 연주할 동안에는 떠들면 안 돼.

입도 뻥긋 안 할게요!

크루크의 아버지는 아마추어 연주가로, 음악인들을 집으로 초대해 연주회를 하곤 했습니다. 그래서 때때로 크루크의 친구인 프리츠와 핀더도 연주회에 초대받을 수 있었습니다.

정말 아름다운 음악이야.
나도 이런 곡을
연주해 보고 싶어.

꼬마 녀석이 제법 음악을
즐길 줄 아는데?

훌륭한 연주를 감상하며 프리츠는 예술에
더 많은 관심을 두게 되었고, 위대한
작품이 사람들에게 끼치는 영향에
대해서도 생각하게 되었습니다.

훌륭한 예술은 사람에게
감동을 줄 뿐만 아니라,
인생까지 바꿀지도 몰라.
나도 이런 위대한 작품을
세상에 남기고 싶어.

얼마 뒤, 핀더의 집.

프리츠, 기다리고 있었어. 얼른 들어와.

오랜만이구나, 다들.

프리츠는 문학을 좋아한다고 했지? 괴테의 책은 읽어 봤니?

괴테요? 아직이요.

이런! 독일 사람으로서 괴테를 읽지 않다니. 그럼 안 되지. 자, 여기 앉아서 들어라.

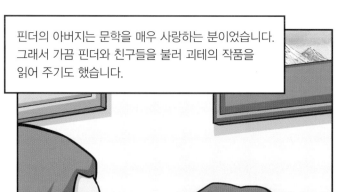

핀더의 아버지는 문학을 매우 사랑하는 분이었습니다. 그래서 가끔 핀더와 친구들을 불러 괴테의 작품을 읽어 주기도 했습니다.

정말 재미있어요. 그리고 대단해요!

대단하다니, 뭐가?

표현은 잘 못하겠지만, 글이 아름답고 가슴 벅찬 내용이라는 것만은 알 것 같아요.

특히, 사자를 힘으로 제압하지 않고 음악과 정성으로 길들인 소년의 이야기가 감동적이었어요.

오호! 어린 녀석이 꽤 예리한데?

괴테는 독일이 자랑하는 훌륭한 작가란다. 책을 빌려 줄 테니 천천히 읽어 보렴.

고맙습니다!

이 무렵 접하게 된 괴테의 작품은 프리츠에게
글을 쓰고 싶다는 생각을 하게 했습니다.
또한, 이를 통해 고대 그리스 신화에
대해서도 관심을 두게 됐습니다.

괴테는 그리스 신화를 주제로
글을 쓰기도 했어. 나도
괴테처럼 고대 신화를 새로운
이야기로 만들어 보고 싶어.

1854년 가을. 열 살이 된 프리츠와 친구들은
상급 학교인 '돔 김나지움'에 진학했습니다.

어이, 거긴
신입생들인가?

상급생들이
많아서 그런지
분위기가 달라.

덩치도 크고 행동이
진짜 어른 같아.

그래서 말인데, 프리츠.
넌 어른이 되면 뭘 하고 싶니?

공부!

에이,
그런 거 말고.

넌 글 쓰는 것에 관심이
많잖아. 작가가 되고
싶은 거 아니야?

작가가 되기에는
많이 모자라. 나도
내가 쓴 글을 버리고
싶을 때가 많거든.

그런데 내 동생
엘리자베트가 내가 쓴
낙서까지 몽땅 가져가
버리는 통에…….

맞아, 네 동생
정말 웃겼지.

엘리자베트는 여섯 살 때부터
네 글을 수집하지 않았냐?

커서 읽으면
엄청나게
창피할 것 같아.

네가 작가가 되면 엘리자베트가
무척 좋아하겠다, 그렇지?

핀더, 그렇게
단정 짓지 마.

프리츠는 아버지처럼
신학을 공부해 목사가
될 수도 있다고.
안 그래?

글쎄. 아직 잘
모르겠어.
목사도 좋긴
하지만…….

어쨌든 뭘 하고 싶은지를
알기 위해서라도 공부를
더 많이 하고 싶어.

프리츠와 친구들은 4년간을 돔 김나지움에서 공부했습니다.

야, 우리도 곧 졸업할 때가 되지 않았냐.

입학한 게 엊그제 같은데. 세월 참 빠르다.

내년에 졸업하면 우리도 취직해서 돈을 벌어야겠지?

아니면 상급 학교에 가거나.

프리츠. 넌 역시 상급 학교에 진학할 거지?

아무래도 그럴 것 같아.

목사가 되기 위한 공부야?

으음.

아직은 잘 모르겠어. 신학을 제대로 배워야 뭔가 감이 좀 잡힐 듯해.

그리고 고전 문학도 더 알고 싶어. 고대 그리스의 희극, 비극, 무용, 문학도.

하긴 네가 가게에서 점원으로 일하는 모습은 상상이 되지 않아.

넌 분명 교수가 되거나, 문학가가 될 거야!

너무 치켜세우지 마. 난 그냥 평범한 학생일 뿐이라고.

그나저나……,

날씨 한 번 좋다!

어른이 되지 않고 학창 시절이 이대로 계속됐으면 좋겠다.

프리츠, 공부하고 있니? 이거라도 먹고 하렴.

참, 상의하고 싶은 일이 있어요.

무슨 일이니?

포르타 공립 학교에 진학하고 싶어요.

좋은 생각이구나. 거긴 꽤 유명한 학교지. 여기서 걸어서 한 시간 정도밖에 걸리지 않으니 통학도 가능하겠어.

엄마, 죄송하지만 전 집을 떠나 기숙사에 들어가고 싶어요.

포르타 공립 학교는 엄격하기로 소문난 곳이야. 기숙사 생활은 무척 힘들 거란다.

알아요. 하지만 전 제힘으로 혼자 지내며 좀 더 성숙해지고 싶어요.

프리츠가 무척 어른스러워졌구나……

막 어른이 되어 부모 품을 벗어나려 하는 아이의 자립을 막는 건 부모의 도리가 아니지.

대신 힘들다고 바로 돌아오면 안 돼!

네, 엄마!

뭐? 정말이냐!

이 녀석, 의리 없이 혼자서만 떠난다니!

1858년 여름 학기가 끝나 갈 무렵, 열네 살의 프리츠는 나움부르크를 떠났습니다. 소년기를 벗어나 드디어 험한 세상과 마주하게 된 것입니다.

넌 우리들의 자랑거리야. 안 좋은 소문이 들리면 바로 찾아가 혼내 줄 거다!

너희를 실망시킬 일은 없을 거야. 맹세해!

니체에게 영향을 준 예술가들

18세기 이전까지 유럽의 예술은 종교적인 엄격함과 규칙을 무척 중요하게 생각했습니다. 그리고 그 예술을 누릴 수 있는 사람도 일반 사람들보다는 귀족과 같은 상류층 사람들이 대부분이었어요. 하지만 18세기가 되자 유럽의 예술에 변화가 나타나기 시작했습니다. 엄격했던 기존의 예술에 비해 자유롭고 감성적인 면이 강해진 새로운 예술이 나타났어요. 이것이 바로 낭만주의 예술입니다. 낭만주의 예술가들은 그들이 생각하는 아름다움을 자유롭게 추구하며 현실보다는 상상을, 일반적인 것보다는 개성적인 것을 추구했습니다. 이러한 낭만주의는 문학, 음악, 미술 등 예술의 다양한 분야에 큰 영향을 주었지요. 프리드리히 니체 역시 낭만주의가 유행하던 시기에 태어나 독일 낭만주의 예술가들에게 많은 영향을 받았습니다. 프리드리히 니체에게 큰 영향을 준 예술가는 어떤 사람일까요?

영국의 낭만주의 화가, 윌리엄 터너의 작품 〈전함 테메레르의 최후〉

요한 볼프강 폰 괴테는 독일을 대표하는 작가입니다.

하나 요한 볼프강 폰 괴테

요한 볼프강 폰 괴테(1749~1832년)는 어린 시절부터 문학에 관심이 많았고, 글솜씨가 뛰어났습니다. 자라서는 아버지의 권유 때문에 법학을 전공해 변호사가 되었습니다. 그러나 그의 관심은 어린 시절부터 법이 아닌 문학이었고, 변호사가 되었을 무렵에는 이미 다양한 문학 작품을 창작하고 있었습니다.

스물세 살 무렵, 그는 친구의 약혼녀를 짝사랑하며 이룰 수 없는 사랑에 괴로워하고 있었어요. 그런데 이때 친한 친구 중 한 명이 그와 비슷한 상황 속에서 괴로워하다가 자살을 했지요. 요한 볼프강 폰 괴테는 자신의 경험과 친구의 자살을 통해 하나의 이야기를 떠올렸고, 그 이야기를 소설로 엮어냈습니다. 바로《젊은 베르테르의 슬픔》입니다. 이 책은 곧 독일 젊은이들 사이에서 큰 인기를 얻었고, 주인공 베르테르의 옷차림을 흉내 내는 사람이 많아졌어요. 하지만 소설 속 주인공처럼 자살하는 사람이 많아져 사회적 문제가 되기도 했지요. 이 작품은 그의 낭만주의적 성향이 가장 잘 드러난 작품으로 평가되고 있습니다.

독일 프랑크푸르트에 있는 요한 볼프강 폰 괴테의 집
© Dontworry

《젊은 베르테르의 슬픔》의 성공 이후, 요한 볼프강 폰 괴테는 나라의 부름을 받고 십 년이 넘는 세월 동안 공직에 몸담았습니다. 하지만 글을 쓰는 데 열중하고자 하는 욕구를 이기지 못하고 서른여섯이 되던 해 이탈리아로 여행을 떠났어요. 여행하는 동안 로마 시대의 예술품들을 깊게 탐구하며 고전적인 아름다움에 대해 크게 깨우친 그는 이때부터 낭만주의보다는 고전주의의 성향을 띠는 작가가 되었으며, 엄격한 형식의 대작《파우스트》를 완성하기도 했습니다. 이처럼 요한 볼프강 폰 괴테는 낭만주의와 고전주의적인 성향을 모두 갖춘 작가였어요. 그의 작품은 낭만파 음악가인 프란츠 슈베르트나 엑토르 베를리오즈, 리하르트 바그너 등에 의해 음악으로 작곡되었고, 프리드리히 니체 역시 소년 시절에 요한 볼프강 폰 괴테의 책을 읽으며 문학에 관심을 두고 작가로서의 꿈을 키우기도 했습니다.

《젊은 베르테르의 슬픔》 1774년 초판본 © Foto H.–P.Haack

둘   리하르트 바그너

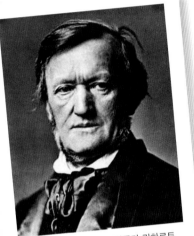

낭만파 음악을 대표하는 작곡가 리하르트 바그너

낭만파 음악을 대표하는 작곡가 리하르트 바그너(1813~1883년)는 1813년 독일 라이프치히에서 태어났습니다. 그는 일찍이 아버지가 돌아가셨기 때문에 가난하고 힘든 소년 시절을 보내야 했습니다. 그 때문에 음악가로서 홀로 서게 된 것도 남들보다 늦은 스무 살이 넘어서였습니다. 이후, 지휘자로 활동하며 여러 작품을 작곡했지만 그다지 큰 명성은 얻지 못했지요. 하지만 1842년, 드레스덴의 오페라 극장 지휘자가 된 뒤로 〈방황하는 네덜란드 사람〉, 〈탄호이저〉를 직접 작곡하고 지휘하며 유명해졌습니다. 그리고 1849년, 스위스에서 〈트리스탄과 이졸데〉, 〈로엔그린〉과 같은 작품을 작곡하며 더욱 인기를 얻었어요. 특히, 이때 작곡한 〈니벨룽의 반지〉는 제대로 감상하려면 며칠이 걸리는 대작으로 그에게 엄청난 인기와 명성을 안겨 주었습니다. 이후, 바그너는 자신의 오페라를 상영할 전문 극장을 지어 오랫동안 최고의 음악가로 사람들에게 이름을 알렸고, 1883년 벤다르민궁에서 일흔 살의

who? 지식사전

1876년, 바이로이트 축제 극장에서 공연된 〈니벨룽의 반지〉의 한 장면

리하르트 바그너의 대표 악극 〈니벨룽의 반지〉

리하르트 바그너는 일반적인 오페라와 조금 다른 성격을 띤 자신의 음악을 '악극'이라고 불렀어요. 대표적으로 〈니벨룽의 반지〉를 들 수 있는데, 이 작품은 그가 28년에 걸쳐 작곡한 필생의 역작입니다.

〈니벨룽의 반지〉는 총 4부작으로 이루어져 있는데 전곡을 다 들으려면 16시간이 걸리는 엄청난 규모의 대작이에요. 그래서 리하르트 바그너는 관객에게 이 작품을 제일 처음 선보일 때, 하루에 한 편씩 나흘에 걸쳐 공연했지요.

4부작에는 각각 '라인의 황금', '발퀴레', '지크프리트', '신들의 황혼'이라는 이름이 붙여져 있는데, 그 내용은 고대 노르웨이와 아이슬란드의 전설과 중세 독일의 영웅 서사시에 기초해 리하르트 바그너가 직접 창작했습니다.

나이로 삶을 마쳤습니다.

낭만파 음악가의 선두주자였던 그는 많은 사람에게
영향을 미쳤습니다. 그의 음악은 19세기뿐 아니라,
21세기인 지금까지도 많은 음악가에게 영감을
줄 정도로 새롭게 해석될 수 있을 정도랍니다.
바그너의 교향곡과는 전혀 어울릴 것 같지 않은
현대적인 록그룹의 음악 중에도 그에게 영감을
얻어 작곡된 것이 많아요. 한 가지 예를 들자면,
우리에게도 익숙한 영화 〈스타워즈〉의 주제곡이 바로
리하르트 바그너의 음악에서 영감을 받아 작곡된
것이랍니다.

리하르트 바그너는 음악뿐 아니라, 문학과 철학에도
많은 영향을 미쳤습니다. 노벨상 수상 작가인 토마스
만도 그의 영향을 받아 "소설은 나에게 언제나 하나의
교향곡이다."라는 말을 남겼고, 프리드리히 니체는
비평가들의 비난을 감수하면서까지 리하르트 바그너를
위한 책을 쓸 만큼 그를 열렬히 추종했습니다.

독일 반프리트 정원에 있는 바그너의 무덤 ⓒ JosefLehmkuhl

바그너가 직접 쓴 〈방황하는 네덜란드 사람〉의 악보

이 작품은 연주 시간이 긴 만큼 작품의 줄거리도 무척 방대하고 등장인물도 많아서
전체적인 내용이 통일성 있게 전달되기 무척 어려워요. 그래서 리하르트 바그너는
'유도동기'라고 부르는 멜로디를 만들어 냈지요. 이것은 대사로 전달하기 어려운
인물의 감정이나 심리, 극의 주제를 묘사하는 핵심 멜로디를 말해요. 예를 들어,
작품에서 '거인'이 나타나거나 그가 중요한 역할을 하는 순간이 오면 거인을
상징하는 유도동기가 연주되는 것이지요. 유도동기는 그의 작품을 이해하는 중요한
열쇠이기도 합니다. 이것은 리하르트 바그너가 추구했던 '종합 예술'에 가까운
것으로, 그가 자신의 작품을 다른 오페라와 다르게 '악극'이라고 불렀던 큰 이유 중
하나입니다.

1976년, 바이로이트 축제 극장에서 공연된
〈니벨룽의 반지〉ⓒ Menerbes

③ 포르타 공립 학교

포르타 공립 학교는 프리츠가 지금까지 다녔던 학교와는 모든 게 달랐습니다. 아주 엄격한 교육 방침을 가지고 있었기 때문이었습니다.

기상!
모두 일어나라.

학생들은 새벽 4시에 일어나 5시까지 수업 준비를 마쳐야 했습니다.

프리츠,
조금이라도 먹어.

너무 피곤해서
음식도 먹기 싫어.

수업은 잠들기 전인 9시 직전까지 계속됐고, 하루
24시간 중 수업 외에 학생들이 자유롭게 쓸 수 있는
시간은 고작 1시간 정도밖에 되지 않았습니다.

으~ 이런 생활을
일주일에 다섯 번이나
겪어야 한다니!

토요일도 한 시간 더
잘 수 있다는 것 빼곤
평소와 똑같아!

그나마 일요일에
쉴 수 있는 게
천만다행이라고!

프리츠, 일요일에 우리와 놀러 가지 않을래?

아니, 난 그냥 여기 있을게 너희만 놀다 와.

왜 이렇게 지치고, 힘들지? 아무것도 하고 싶지 않아.

핀더랑 크루크는 잘 지내고 있을까? 집으로 돌아가고 싶어.

프리츠 군. 잠깐 나 좀 볼까?

자네 안색이 안 좋군. 학업에 뭔가 문제가 있나?

사실은 요즘 자꾸 의욕이 없어지고, 집과 친구들이 그리워요.

뭐야, 단순한
*향수병이었군.
난 또 무슨 큰 병이라도
있는 줄 알았어.

웃을 일이 아니에요.
저한테는 심각한
문제라고요.

향수병을 잊는 방법 중엔
아무 생각 안 날 정도로 몸을
혹독하게 몰아세우는 방법도
있지. 운동을 해 보게나.

프리츠는 선생님의 조언을 받아들여 운동을 시작했고,
곧 안정을 찾고 공부에 집중할 수 있게 되었습니다.

정말이야.
운동을 하니까 마음이
한결 가벼워졌어!

체력이 생기니까 계속되는
수업에도 지치지 않고
견딜 수 있게 됐어.

얼마 뒤, 프리츠는 선생님과 친구들로부터
믿음을 얻어 반장을 맡기도 했습니다.

*향수병: 고향을 그리워하는 마음이나 시름을 병에 비유하여 이르는 말

이야, 프리츠! 오랜만이다!

방학 때나 얼굴을 볼 수 있는 귀한 분께서 모처럼 오셨군.

사실 너희에게 하고 싶은 말이 있는데.

뭐? 동아리?

학교에 다니던 프리츠는 나움부르크에 있던 핀더와 크루크를 끌어들여 '게르마니아'라는 예술·문학 동아리를 만들었습니다.

다양한 작품을 읽고 토론하면서 음악까지 함께 하는 예술·문학 동아리를 만들어 보자!

그거 재미있겠는데?

그래, 해 보자!

그럼 오빠 원고는 내가 정리할게!

크으, 역시나!

그리스 신화에 나오는 이카로스 이야기를 읽어 봤니? 이건 밀랍으로 만든 날개를 달고 태양으로 날아가다 떨어지는 사람에 대한 이야기야.

오, 들어 봤어.

갈 수 없는 곳을 욕심낸 인간의 이야기지.

맞아. 인간의 욕심에 대한 이야기를 신화 속에서 비유적으로 풀어낸 거라고 할 수 있겠지.

그런데 그리스 신화처럼 성경에 나오는 여러 가지 사건들도 이와 비슷한 것이 아닐까?

실제 일어난 사건에 대한 내용이 아니라, 알려 주고자 하는 교훈을 비유적으로 풀어 준 것일 수 있잖아.

그건 아니지. 성경은 비유가 아니라 실제 일어난 일이야.

하지만 성경에 나오는 이야기들도 때로는 이카로스 이야기만큼 허무맹랑한걸?

허무맹랑하다니. 신학을 공부하는 네가 그런 말을 하면 안 돼.

성경은 일반적인 문학 작품하곤 격이 달라.

성경을 개인의 눈으로 해석하는 건 불경한 일이라고.

그럼 성경은 비평조차 할 수 없는 거야?

당연히 안 되지!

성경은 어찌 보면 그리스 신화와 비슷해. 그런데 어째서 비평의 대상이 되면 안 되는 거지?

어째서? 성경과 그리스 신화와의 차이가 뭔데?

얘기가 너무 진지해졌다. 분위기 좀 바꾸자.

오늘은 바그너를 연주해 볼까?

바그너?

일단 연주해 보자니깐.

바그너의 음악이야말로 독일의 정신이지! 바그너를 모르고서 독일 음악을 이야기 한다는 건 말이 안 돼!

그 정도로 대단한 음악가인 거야?

좋아. 나도 간만에 피아노 실력을 발휘해 볼까?

정말 감동적인 음악이야!

왠지 마음을 울리는 곡이야!

뒷부분은 더 좋다고. 이 부분부터 성악이 나오거든!

성악이라고? 아차, 이 음악은 오페라였지!

우리도 이 부분은 노래로 불러 보자!

역시 뭘 좀 안다니깐.

프리츠는 친구들과 게르마니아 활동을 하면서도 학교 수업을 소홀히 하지 않았습니다. 1861년에 쓴 논평은 선생님들의 주목을 받을 정도였습니다.

학교와 동아리 활동을 하면서 프리츠의 지식 세계는 한층 더 깊어지게 됐습니다. 그러면서 신학을 대하는 프리츠의 관점은 조금씩 흔들리기 시작했습니다.

성
경

학자들은 그리스나 로마의 신화를 연구할 때 역사적인 사실까지 동원해 분석하고 비판하지.

하지만 성경만큼은 예외야. 그 누구도 성경에 나오는 인물이나 사건이 허구라고 주장하지 않아. 심지어 의심하는 것조차 금기로 여겨.

제일 친한 친구들인 핀더와 크루크마저도 예외가 아니었어.

어째서, 어째서 그렇지?

야, 프리츠!

프리츠는 나이가 들면서 성경을 공부하면 할수록 큰 혼란을 느끼게 되었습니다.

왜! 왜 성경은 다른 문학과 달리 비평할 수 없는 거지? 신이 있기는 한 거야?

목사님 아들이 그런 말을 하면 어떡해!

요즘 성경을 공부하다 보니 의문점이 너무 많이 생겨서 그래.

그렇다고 해도 성경을 그렇게 의심하면 안 되지.

돌아오는 부활절에 네 믿음을 고백하는 *견신례에 참석해 봐. 원래의 신앙심 깊은 프리츠로 돌아올걸?

그래, 내가 잠시 뭔가에 홀린 거겠지?

원래 하느님의 사랑을 받는 사람은 악마의 시험에 들게 마련이야.

그러니 흔들리지 말고 이 시련을 이겨 내 봐!

그래, 네 말이 맞아.

*견신례: 기독교에서 자신의 믿음을 고백하는 예식

1861년 부활절.

굉장히 엄숙한 의식이야. 견신례를 받으면 신앙심이 더 깊어지겠지?

뭔가 기분이 이상해! 이게 바로 진정한 신자의 길로 들어선 감동 때문인가? 난 진정한 기독교 신자야!

폴, 너도 견신례를 받았지? 기분이 어때?

그게 말이지. 처음엔 진짜 신자가 됐다는 생각에 엄청나게 황홀했거든.

그런데 시간이 지나니깐 그저 그래.

너도 그렇구나!

프리츠, 너 괜찮니? 표정이 안 좋아.

이게 뭐야! 종교 의식이란 게 이렇게까지 별 볼 일 없는 거였어?

프리츠는 의식을 겪으면 더 큰 믿음이 생길 거라 믿었습니다.
하지만 의식을 겪은 뒤에도 별다른 변화가 없자 크게 실망했습니다.

이 사건은 프리츠가 종교에 대한 믿음을 잃는 결정적인 계기가 되었고, 이후 신학을 순수한 마음으로 대할 수 없게 되었습니다.

신에 대한 내 믿음의 문제일까? 아니면 종교 의식 자체가 나에게 아무런 영향을 주지 않은 걸까?

프리츠, 성경 연구회에서 신앙에 관해 토론할 건데 같이 가지 않을래?

미안, 숙제할 게 아직 남아 있어서.

불안해. 난 도대체 뭘 위해 교회를 다니고 있는걸까?

프리츠! 일요일이라 교회 가는구나! 나랑 같이 가자.

아, 미안.

몸이 안 좋아서 난 그냥 쉴래.

어지간히 아프지 않으면 교회를 안 가는 일이 없었잖아. 무슨 일이야?

사실대로 말할게.
교회 가는 게 그냥
귀찮아서 그래!

뭐?

종교에 회의를 느낀 프리츠는 이 시기
'종교란 그저 아무것도 모르던 유아기의
산물일 뿐이다.'라는 글을 쓰기도
했습니다.

종교에 대한 갈등 때문인지 프리츠는 사춘기를
겪으며 제멋대로 행동하기 시작했고, 어느새
학교의 문제아가 되었습니다.

탁

프리츠 군!

서, 선생님!

소문이 사실이었군. 자네가 수업을 자주 빼먹어서 또 향수병이 도졌나 생각하며 모른 척해 왔다.

하지만 이게 뭔가! 학교 담을 넘어가 불량 학생들과 시내에서 밤새도록 놀고 오다니!

낙제될 지경의 자네를 편들어 준 선생님들의 입장은 어떻게 되겠나!

날 위해서? 선생님들이?

성실함을 잃은 자네는 더는 반장의 자격이 없어. 반장 자리를 내놓도록 하게.

그리고 반성문은 학교에 제출하지 말고 어머니께 쓰도록 하게. 아무것도 모른 채 자네가 잘되기만을 기도하시는 어머니께 말일세.

도저히 예전처럼 신을 믿을 수 없어. 아무리 노력해도 안 된다고.

이 사실을 어머니가 알면 얼마나 충격을 받으실까……

신에 대한 믿음을 잃었더라도 더 이상 방황할 순 없어. 어머니와 선생님께 실망을 안겨 드리고 싶지 않아.

프리츠는 자신의 태도를 반성하며 어머니께 편지를 썼습니다.

어머니, 변명할 생각은 없어요. 제가 요즘 방황한다는 핑계로 아무렇게나 지낸 것 같아요. 어머니께서는 절 학교에 보내기 위해 많이 고생하셨는데, 전 철없이 바보 같은 짓만 했습니다. 앞으로 다시는 이런 일이 없도록 하겠습니다.

이젠 정신 좀 차렸나 보군. 다시 반장을 맡겨도 되겠어.

이때 이후로 프리츠는 더 이상 문제를 일으키지 않았습니다.
그리고 졸업할 때까지 학교생활에 충실했습니다.

프리츠의 졸업 논문은
정말 대단해요.

처음부터
끝까지 라틴어로
적었더군요.

물론 중간중간 문제를
일으키기도 했지만, 누구에게나
약점은 있는 법이지요.

1864년 9월 4일. 프리츠는 포르타 공립 학교를
졸업했습니다.

프리드리히 니체가 남긴 작품

프리드리히 니체는 철학자로서 많은 책을 남기진 않았지만, 그의 사상은 굉장히 다양하게 해석되고 있어요. 그것은 그가 책을 쓰는 데 있어 그때까지의 철학 저술에서는 보기 드문 새로운 방식을 도입했기 때문입니다. 프리드리히 니체는 자신의 느낌이나 사상을 직접 설명하기보다는 예술에 가까운 문학적인 표현을 사용해 설명했습니다. 그리고 사람들에게 전달하고자 하는 이야기는 아주 짧은 문장으로 표현했지요. 그래서 그가 남긴 책은 문학적으로 매우 뛰어나며 한 문장, 한 문장에 깊은 의미가 담겨 있다는 평가를 받습니다. 이것이 그만의 독특한 저술 방식이지요. 하지만 이런 특징은 그 글이 의미하는 바를 정확하게 알아내기 어렵게 한다는 비판을 받기도 합니다.

바젤 대학교 교수 시절의 프리드리히 니체

하나 《비극의 탄생》

프리드리히 니체는 문헌학자로서 고대 그리스 비극이야말로 예술의 진정한 원천이라고 생각했습니다. 그는 1872년 자신의 첫 작품인《비극의 탄생》을 출판하면서 그리스 비극은 아폴론적인 것과 디오니소스적인 것으로 나누어진다고 설명했어요. 태양신 아폴론은 질서와 조화, 이성과 합리성을 나타내고, 포도주의 신 디오니소스는 자유분방함과 도취, 격정과 황홀감을 나타내는데, 그리스 비극은 이 두 신의 성격이 잘 조화된 최고의 예술이라고 생각했던 것이지요.

그는 책에서 고대 그리스 시대 이후, 사람들이 점점 이성과 합리성을 나타내는 아폴론적인 것만을 추구하고 디오니소스적인 측면을 무시하기 시작했다고 주장했습니다.

1872년에 출간된 《비극의 탄생》 초판본
© Foto H.-P.Haack

그래서 그는 디오니소스가 주는 열정과 도취, 쾌락 등을
잃어버린 사람들에게 삶의 생명력을 돌려주기 위해 예술이
필요하다고 말했지요. 프리드리히 니체는 이 책에서 음악은
사람들에게 생명력을 돌려줄 수 있는 가장 좋은 장치라고
하며, 리하르트 바그너의 음악이야말로 고대 그리스 비극이
추구하고자 했던 아폴론적인 것과 디오니소스적인 것이 잘
조화된 최고의 예술이라고 이야기했답니다.

바젤 대학교의 전경 ⓒ Gulliveig

둘　《인간적인, 너무나 인간적인》

이 책을 쓸 무렵 프리드리히 니체는 심한 구토와 두통을
겪고 있었습니다. 가끔 안정을 되찾기도 했지만, 병은
점점 깊어져 교수직까지 사임하게 되었지요. 이 시기
오랫동안 찬양해 왔던 바그너와의 관계도 나빠졌습니다.
이렇게 삶이 어렵게 느껴지던 시기, 프리드리히 니체는 깊은
고뇌 속에서 인간과 세계에 대해 깊이 생각했고 그 결과
《인간적인, 너무나 인간적인》이라는 책을 완성했습니다.
이 책은 짧게는 한 줄에서 길게는 서너 쪽에 이르는 수백
가지의 단편으로 구성되어 있는데, 전통적인 도덕과 종교에
대한 비판과 함께 친구의 문제, 남성과 여성, 가족의 문제,
그리고 국가의 문제에 이르기까지 이에 대한 자기 생각을
간결한 문장으로 이야기했습니다. 이러한 단편적인 표현
양식은 이전에 쓴 책과 가장 뚜렷하게 구분되는 특징으로,
새롭게 시도한 이 형식은 그의 천재적 사유와 자유로운 정신을
압축적으로 드러내는 데 아주 알맞았어요.

《인간적인, 너무나 인간적인》의 첫 장

책 내용도 완전히 달라졌습니다. 프리드리히 니체는 이전에
쓴《비극의 탄생》에서 예술을 중요하게 다뤘습니다. 하지만
《인간적인, 너무나 인간적인》에서는 그의 자유정신 사상이
잘 드러났습니다. 그가 말하는 자유정신이란, 그 어떤 체계와
규율에도 얽매이지 않는 지극히 자유롭고 가볍게 방랑하는

해방된 정신입니다. 자유정신이라는 그의 생각은 훗날, 다른 책에서 '초인'이라는 형태로 나타나기도 합니다.

셋 《차라투스트라는 이렇게 말했다》

이 책은 프리드리히 니체가 건강 악화로 교수직을 그만두고 질스마리아에서 휴양하던 시절에 쓴 것으로 그의 사상이 집대성된 작품입니다. '초인', '힘에의 의지', '영겁 회귀' 등 그가 평생 동안 주장했던 중심 사상이 모두 담겨 있지요. 책의 내용은 다음과 같습니다.

프리드리히 니체가 휴양한 스위스의 질스마리아 ⓒ Cebete

《차라투스트라는 이렇게 말했다》 1부 초판의 첫 장

고향을 떠나 산에서 십 년 동안 명상을 하던 차라투스트라는 어느 날 아침 문득 뭔가를 깨닫는다. 그는 자신이 가진 모든 지식을 사람들에게 전해 주겠다고 결심하고, 마을로 내려간다. 마을로 가던 도중 차라투스트라는 인간을 불신하는 성자 앞에서 단호하게 '신은 죽었다!'라고 선언한다. 그리고 사람들에게 신이 아닌 의지를 갖춘 인간 즉, '초인'만이 세상을 변화시킬 것이라고 이야기한다.

하지만 신을 믿는 사람들은 차라투스트라를 조롱하고, 차라투스트라 역시 아직 자기 생각을 사람들에게 제대로 전달하기에 능력이 부족함을 깨달으며 다시 그가 왔던 산으로 돌아간다.

오랜 시간이 흐른 뒤, 차라투스트라는 왕들과 방랑자와 마술사, 더없이 추악한 자, 스스로 거지가 된 자, 자신의 그림자, 나귀와 대화한다. 이후 걷고 뛰고 춤추는 축제를 벌이며 솟아오르는 태양을 맞이해 새로운 아침이 시작되는 징조를 확인한다.

《차라투스트라는 이렇게 말했다》는 그의 사상을 담은 철학책이지만, 다른 책들과는 달리 이야기 형태를 띠고 있기 때문에 하나의 통일된 줄거리가 있습니다. 그래서 보통 철학책이 관련 학자들에게만 읽혔던 것과 달리 마치 소설처럼 대중들에게도 널리 읽혔어요. 프리드리히 니체는 이 책을 3년에 걸쳐 총 4부작으로 완성했습니다. 이 책은 19세기 사상가들에게 엄청난 충격을 주었습니다. 종교와 과학이 서로 대립하던 세계에서 '초인'이라는 위대한 인간을 강조한 프리드리히 니체의 사상은 매우 신선하고 혁명적이었기 때문이지요.

하지만 이 책이 출간될 당시에는 냉담할 정도로 반응이 없었습니다. 일반 사람들에게는 지나치게 어려운 데다가 문학과 철학을 넘나드는 시도에 학자들마저도 제대로 이해하기 어려워했기 때문이었어요. 그러나 프리드리히 니체는 스스로 이 책이 대문학가라고 평가받는 사람들의 작품을 넘어선 것이라고 생각했어요. 당시 사람들은 그의 그런 자신감을 비웃었지만, 현대에 이르러 이 책에서 사용된 언어유희와 상징적 표현들은 뛰어난 문학성을 인정받으며, 니체의 자신감이 틀리지 않았음을 증명하고 있습니다.

차라투스트라가 깨달음을 얻는 모습을 표현한 그림

《차라투스트라는 이렇게 말했다》에 관해 친구 하인리히 쾨젤리츠에게 쓴 니체의 편지

4 신앙을 버리다

1864년 10월, 니체는 친구 도이센과 함께 본 대학교에 입학했습니다.

우아, 멋지다!

이게 대학교란 곳이구나. 공립 학교와는 분위기부터 달라.

너한테는 문헌학보다 신학이 더 중요하지 않아? 넌 목사님 아들이잖아.

니체, 넌 어떤 걸 전공할 거니?

음, 아무래도 옛 문헌을 연구하는 문헌학이나 종교를 공부하는 신학이겠지.

신학이라……. 더 이상 신학에 아무런 흥미를 느끼지 못하고 있는데, 계속 신학을 공부할 수 있을까?

그보다 소개장 잘 챙겨왔어?

포르타 학교의 리제 선생님이 대학교에 가면 꼭 찾아뵈라던 교수님 소개장 말이지.

어디 보자 문헌학의 대가인 프리드리히 리츨 교수님이시네.

니체와 도이센은 프리드리히 리츨 교수의 집을 방문했습니다.

내 오랜 친구인 리제의 소개로 왔다고? 그래, 리제는 포르타 공립 학교에서 잘 지내고 있겠지?

신앙을 버리다 83

자네가 도이센인가? 그래, 리제의 추천이니 제법 뛰어난 학생이겠군. 반갑네.

반갑습니다, 리츨 교수님.

으흠, 흠.

응? 자넨 누군가?

누구라니요? 도이센 옆에 제 이름도 쓰여 있습니다만.

그래?

아, 그렇군. 도이센과 니체. 하여튼 두 사람 모두 환영하네.

휴~ 다행히 이름이 있나 보다.

오늘은 내가 바쁘니, 이만 돌아가는 게 좋겠네. 나중에 학교에서 보세!

니체와 리츨 교수의 첫 만남은 굉장히 싱겁게 끝났지만, 둘은 이때의 인연을 시작으로 아주 오랫동안 친밀하게 지내며 교류했습니다.

가혹할 정도로 엄격했던 포르타 공립 학교의 규율에 길들어져 있던 니체에게 대학교의 자유로운 분위기는 익숙지 않았습니다.

지금껏 공부만 해 왔으니, 잠깐 어울려 논다고 해서 별 탈은 없을 거야.

오늘은 젊음을 불태우며 놀아 보죠!

오! 꽤 화끈한 녀석이 후배로 들어왔는걸.

프리츠. 대학생 연합에 들어오지 않을래?

대학생 연합이요?

독일 대학생들의 친밀한 만남을 목적으로 하는 단체지.

괜찮을까요? 전 사람들과 잘 어울리는 성격이 아니라서요.

그건 걱정 말라고!

우리가 청춘의 즐거움을 가르쳐 주마!

신앙을 버리다 **87**

으음, 지금 몇 시지?

어, 수업에 늦었다!

으앗!

프리츠! 뭘 그렇게 뛰어가나?

헉헉, 수업에 늦어서요.

이미 늦었는데. 그냥 빠지지? 오늘도 신나게 놀아 보자고~

오늘은 중요한 수업이라 빠질 수 없어요. 시험 보기 전 마지막 수업이거든요.

시험? 대학교까지 와서 시험 걱정이나 하고 있는 거야?

대학교는 공부하러 오는 곳이 아니야. 젊음을 즐기러 오는 곳이라고!

노는 것도 좋지만, 공부는 해야 할 것 같습니다.

현재를 아무런 노력 없이 산다면, 앞날이 불안할 것 같거든요.

인생의 어려움과 고민은 신이 해결해 줄 거야. 불안해할 필요 없어.

인생의 어려움이 신의 뜻에 따라 해결된다고? 그러니 불안하지 않다고?

대학교에 들어간 뒤, 사람들과 어울리며
노는 것을 즐겼던 니체였지만 얼마 지나지 않아
생각 없이 살아가는 동료 대학생들의 모습에
실망하게 되었습니다.

너무 어리석은 이야기야.
자신은 아무 노력도 하지 않으면서
인생의 어려움은 신이 해결해
주길 바라고 있다니!

전 이만
가보겠습니다.

그래, 다음에
보자고.

더는 저들과 어울리지 않겠어.
내 삶은 신이 아니라,
내가 결정하는 거야.
난 내 행동으로 인한 결과를
스스로 책임지겠어.

요즘은 사람들과
잘 어울리지
않나 봐?

그들과 더는
어울리고 싶지
않아졌거든.

신앙을 버리다 **91**

그래? 무엇 때문에 그렇게 된 거야?

그들은 아무런 목표도 없이 그저 놀기만 할 뿐이더군.

요즘 많은 대학생이 그렇지. 그건 큰 문제야.

그보다 더 큰 문제는 그들이 인생에 대한 고민과 걱정을 신에게 미루고 있다는 거야!

그들은 자기 의지로 삶을 사는 것이 아니야. 그저 신에게 의지해 하루하루를 아무 의미 없이 살아가고 있어!

니체, 그건 너무 심한 주장인 것 같아.

힘들고 어려울 때 신에게 의지하는 것은 너무나 당연하잖아.

아니, 아무리 힘들어도 자신의 삶은 스스로 책임져야 해. 신이 아닌, 그 누구도 그것을 책임져 줄 수는 없는 일이지.

그런 점에서 요즘 이 책이 아주 흥미로워.

음? 그건 《예수의 생애》잖아?

1836년에 출간된 《예수의 생애》는 독일 학자들에게 매우 큰 영향을 끼친 책입니다.
책의 저자인 슈트라우스는 이 책에서 성경의 내용은 사실이 아닌, 허구라고 비판했습니다.

이미 결심했구나.
생각을 바꾸라고 하기에는
너무 늦었겠지?

대학교에 입학한 뒤, 신학에 대해 회의를 느낀
니체는 신학 공부를 포기하기로 했습니다.
니체는 이 결심을 가족에게 알리기 위해
부활절 휴가에 맞춰 집으로 향했습니다.

평생을 신앙과
함께하신 어머니가
충격을 받으시겠지.

후읍!

어머니,
다녀왔습니다.

그동안 잘 지내셨어요?

프리드리히, 일찍 왔구나!

오빠!

내일은 부활절이구나. 오랜만에 가족이 함께 교회에 가자꾸나.

오빠 친구들도 반가워할 거야.

어머니, 전 교회에 가지 않겠어요.

가지 않겠다니? 왜? 어디 아프니?

더는 신에게 의지하지 않겠어요. 저는 제 의지대로 삶을 이끌어 나가겠어요!

'모든 것은 신의 뜻이다.' 종교의 이런 가르침이 사람이 앞으로 나아갈 의지를 약하게 만들어요!

어머니, 죄송해요. 전, 전······.

이제 더는 신학을 공부하지도 신을 믿지도 않겠어요!

쨍그랑

네가, 네가 어떻게 그런 말을!

엄마!

오빠! 정신 나갔어?
엄마 앞에서 어떻게
그런 말을 해!

정말 너무해!

신학을 포기하겠다는 이 선언은
니체의 인생에서 가장 괴로운
결정이었습니다. 신앙심 깊은
가족 앞에서 신앙을 포기한다고
말하는 것은 두 번 다시 가족의
얼굴을 보지 않겠다는 선언이나
마찬가지였기 때문입니다.

어머니 죄송해요.
하지만 어쩔 수 없어요.
신을 믿지 않으면서
목사가 되기 위해 신학을
공부할 순 없어요.

어머니도, 엘리자베트도 온종일 들어오지 않고 있어…….

더는 날 보고 싶지 않다는 걸까?

내가 잘못한 걸까? 솔직하게 이야기하지 말고, 차라리 거짓말을 했다면 모두가 행복할 수 있었을까?

아마 난 끝까지 거짓말을 하지 못했을 거야. 결국, 이렇게 모두에게 상처를 줬겠지.

난 내 마음이 편해지기만을 원하는 이기적인 녀석이니까.

죄송해요, 어머니. 제발 한 번만 용서해 주세요.

신을 믿지 않게 된 너에게, 가족까지 곁에 없다면 그 절망은 무엇보다 크겠지.

너에게 더 큰 절망을 주고 싶지 않구나.

용서를 바라니?
그렇다면 용서하마,
내 아들.

신은 우리의 모든 행동을
이끌어 주신단다.
신을 버리겠다는 너의
행동도 신이 네게 주는
시련일지도 몰라.

어머니?

신은 욥의 믿음을
시험하려고 일부러 갖은
시련을 주기도 하셨지.

네 뜻을 받아들이마.
신학을 포기해도 좋아. 그리고
네가 가야 할 진정한 길을
찾아보렴.

어머니의 이해로 니체는 더 이상의 고민 없이 신학 공부를 그만둘 수 있었습니다.

어머니, 감사해요.

하지만 어머니와 달리 엘리자베트는 니체를 쉽게 용서하지 않았습니다. 그래서 한동안은 니체를 원망하는 편지를 보내기도 했습니다.

아직 용서가 안 되나 봐.

그래도 편지 내용이 순해지는 걸 봐선 곧 용서할 것 같은데?

나도 그랬으면 좋겠다.

그런데 소식 들었어? 리츨 교수님이 본 대학교를 떠나 라이프치히 대학교로 가신다던데.

리츨 교수님이?

요즘 신학을 포기하는 문제로 정신없어서 전혀 몰랐어.

그런 것 같더라.

참 좋은 교수님인데, 떠나신다니 아쉽네.

맞아, 교수님의 수업은 늘 흥미로웠어.

라이프치히 대학교라⋯⋯.

너 설마 라이프치히 대학교로 전학 갈 생각은 아니겠지?

안 될 게 뭐 있어?

신학 공부를 포기한 뒤 난 문헌학을 더 공부하고 싶어졌어. 리츨 교수님은 문헌학의 대가시잖아.

그리고 보니, 너한테는 그게 오히려 좋은 선택일 수도 있겠다.

우린 포르타 시절부터 친구였잖아. 멀리 떨어져 있더라도 소식을 주고받자고.

물론이지. 나도 정말 아쉬워. 꼭 소식을 전하도록 할게.

잘 가.

응, 그동안 고마웠다.

다른 친구들한테도 네 소식 전할게.

행운을 빈다!

너 역시!

1865년 8월 17일. 니체는 본 대학교를 떠나 라이프치히 대학교로 갔습니다.

잘 있어라. 내 청춘의 한때여, 소중한 친구들이여!

오해받는 니체의 사상

프리드리히 니체는 생전에 사람들에게 거의 알려지지 않았던 학자였습니다. 하지만 그가 죽고 난 뒤, 그의 사상은 동료 학자들과 그를 평생 존경하며 따랐던 여동생 엘리자베트에 의해 널리 알려지게 되었지요. 특히, 병이 든 오빠를 돌보며 그가 남긴 모든 글을 모았던 엘리자베트는 '프리드리히 니체 기록 보관소'를 만들고 그의 글로 책을 펴는 등 오빠의 사상을 널리 알리기 위해 활발히 활동했습니다.

하지만 안타깝게도 엘리자베트는 사람들에게 프리드리히 니체의 사상을 온전히 알려 주기보다는 자기의 생각에 맞춰 그의 사상을 해석했습니다. 최악의 독재자인 아돌프 히틀러가 독일을 지배하고 있을 때, 프리드리히 니체의 사상에 나오는 인류를 이끌 '초인'이 바로 아돌프 히틀러라고 주장하며 자신의 오빠가 나치의 독재와 인종 차별주의를 옹호한 것처럼 이야기하기도 했지요. 실제로 엘리자베트는 프리드리히 니체의 대표작인 《차라투스트라는 이렇게 말했다》를 아돌프 히틀러 아래에 있는 독일 병사들에게 보내 주기도 했습니다.

이러한 점 때문에 프리드리히 니체의 사상은 아주 오랫동안 독재와 인종 차별주의를 옹호하는 반인륜적인 사상이라고 오해받았고, 지탄의 대상이 되기도 했습니다.

프리드리히 니체의 동생 엘리자베트 니체

엘리자베트 니체가 오빠의 저작물을 모아 만든 기록 보관소 ⓒ DWRZ

하나 　저서의 왜곡

프리드리히 니체의 사상은 그 당시로써는 매우 파격적인 주장이었기 때문에 그에 대한 평가는 학자에 따라 극과 극이었습니다. 게다가 그의 글은 자기 생각을 자세하게 풀어 놓기보다는 짧은 문장에 많은 뜻을 담고 있기 때문에 사람에 따라 다양한 해석을 낳기도 했지요. 그래서 프리드리히 니체를 제대로 이해하기 위해서는 그가 남긴 책을 다양한 각도에서 연구해야 했어요. 하지만 엘리자베트는 오빠가 죽고 난 뒤, 원고를 모아 책을 출판하면서 자기 멋대로 내용을 붙여 넣거나 삭제했습니다. 프리드리히 니체의 생각이 잘 드러나는 방향으로 글을 편집하기보다는, 자기 생각에 맞게 고쳤지요. 특히 프리드리히 니체가 죽고 난 뒤 엘리자베트에 의해 출판된 《힘에의 의지》는 후세 학자들이 그의 사상을 온전히 이해하는 데 많은 혼란을 주었습니다.

프리드리히 니체의 원고를 수정한 흔적. 동생 엘리자베트는 그의 저작을 자신의 생각에 맞게 고쳤습니다.

둘   나치의 독재에 이용되다

누구에게나 정중했던 프리드리히 니체와 달리 엘리자베트는 유대인을 몹시 싫어했습니다. 유대인은 원래 팔레스타인에 거주했던 민족으로, 유대교를 믿는 사람들을 말합니다. 유럽 곳곳에 흩어져 소수 민족으로 살며 오랜 시간 차별받아 왔지요. 게다가 엘리자베트의 남편 또한 극심한 반유대주의자였습니다. 이들은 나치와 그 당의 총수인 아돌프 히틀러를 무척이나 따랐는데, 나치는 유대인에 대한 증오를 숨김없이 드러내고 있었기 때문이었어요. 거기다 독일의 영광이라면 다른 나라와의 충돌도 불사하는 아돌프 히틀러의 극단적인 민족주의도 이 부부가 그를 지지하는 큰 이유였지요. 그래서 엘리자베트는 오빠의 글을 편집하면서 프리드리히 니체가 책에서 이야기하는 최고의 인간상인 '초인'이 당시 나치의 총수였던 아돌프 히틀러를 가리킨 것이라고 이야기하기도 했습니다.

아돌프 히틀러

당시 나치당을 이끌고 있던 아돌프 히틀러에게 있어
엘리자베트의 이런 행동은 큰 도움이 됐습니다. 몇몇 학자가
그의 행동을 위험하다고 주장하던 시기였기 때문에, 자신의
행동을 뒷받침해 주는 프리드리히 니체의 사상은 그가 더
자신감 있게 정책을 추진할 수 있도록 많은 도움을 주었어요.
그래서 아돌프 히틀러는 엘리자베트를 직접 만나 프리드리히
니체에 관해 토론하며 그의 사상을 자신과 나치를 홍보하는
데 이용하기도 했습니다.

제1차 세계 대전에서 패배해 경제적 어려움을 겪고 있던
독일 국민은 아돌프 히틀러를 독일의 앞날을 밝혀 줄
'초인'으로 여겼고, 그를 향해 압도적인 지지를 보냈습니다.
권력을 얻은 아돌프 히틀러는 반유대주의 정책을 펼쳐
많은 유대인을 억압했고, 독일의 영광이라는 목적
아래 다른 나라를 침략해 전쟁을 일으켰지요. 이 시기,
프리드리히 니체의 사상은 나치와 인종 차별주의를
뒷받침하는 사상으로 활용되었습니다.

사람들에게 환호를 받는 아돌프 히틀러
ⓒ German Federal Archives

셋　프리드리히 니체에 대한 진실이 밝혀지다

아돌프 히틀러를 지지한 엘리자베트 때문에 크게
왜곡되었지만, 실제로 프리드리히 니체는 독재를
불러일으키는 권위주의와 인종 차별을 옹호하는
반유대주의를 무척 싫어했어요. 자신의 의지 없이
무엇을 맹목적으로 따르는 것을 매우 싫어했기
때문이었지요.

또한, 그가 이야기한 '초인'은 지성과 긍지로 가득 찬
사람이자, 자신의 힘으로 운명을 개척하는 사람이지 결코
남을 억압하며 학살이라는 극단적인 범죄를 저지르는
아돌프 히틀러와 같은 인물이 아니었습니다.

하지만 안타깝게도 프리드리히 니체는 병으로 인해

제2차 세계 대전 당시 독일 보병과 장갑차
ⓒ Bundesarchiv

자신의 글을 제대로 정리하지 못했고, 이 정리되지 않은 글을 엘리자베트가 자기 생각대로 편집해 책으로 냈기 때문에 엘리자베트가 낸 책만으로는 사람들이 프리드리히 니체의 생각을 제대로 이해할 수 없었습니다. 그래서 그는 1950년대까지도 아돌프 히틀러와 나치당을 옹호한 학자라는 오해를 받았습니다.

하지만 1961년, 철학자 마르틴 하이데거가 프리드리히 니체의 논문과 강의록을 기초로 해《니체》라는 책을 출간하면서 그에 대한 새로운 해석이 시도되기 시작했어요. 학자들은 짧은 말 속에 여러 가지 뜻을 담은 그의 글을 다양한 각도로 분석하면서 프리드리히 니체가 진정으로 주장하고자 한 것이 무엇인지를 찾아냈지요.

그 결과, 그가 진정으로 전하고자 한 것은 인간이 자신의 의지로 삶의 어려움에 맞서며, 삶을 긍정하고 주어진 운명을 꿋꿋하게 개척해 나가는 것이었다는 점이 밝혀졌습니다.

마르틴 하이데거는 니체가 진정으로 주장했던 것이 무엇인지 해석하려 했습니다.

프리드리히 니체의 생각을 자신의 필요에 맞추어 이용한 아돌프 히틀러의 책 《나의 투쟁》

who? 지식사전

홀로코스트와 아돌프 히틀러

아돌프 히틀러는 독일의 정치가로, 나치당의 지도자이자 나치당이 집권한 독일의 총통이었어요. 그는 독일 민족의 우수성을 세계 각국에 알리고, 전쟁의 패배로 잃어버린 땅을 되찾겠다는 핑계로 제2차 세계 대전을 일으켰어요. 그리고 유대인과 집시, 장애인 등을 열등한 인종으로 분류해 수백만에 달하는 인명을 학살했지요. 그가 일으킨 이 집단 학살은 '홀로코스트'라고 불리는데, 이것은 인간의 폭력성과 잔인성, 집단적인 광기가 사람으로 하여금 끔찍한 행동을 서슴치않고 하게 만드는지를 극단적으로 보여 주었다는 점에서 20세기 인류가 행한 최악의 사건으로 손꼽힙니다.

홀로코스트 당시 수용소로 끌려가는 사람들
© Bundesarchiv

5 바그너와의 만남

리츨 교수는 1865년 10월 25일, 라이프치히 대학교에서 취임 강연을 했습니다.

자네, 프리드리히 니체 맞지?

역시 프리드리히가 맞아. 자네가 라이프치히엔 어쩐 일이야?

리츨 교수님!

저도 라이프치히 대학교로 옮겨 왔습니다.

그래? 아는 얼굴을 보니 정말 반갑군.

자네, 여전히 문헌학에 관심이 많은가?

그럼요. 가장 관심 있는 학문입니다.

문헌학에 관심이 많다면, 내가 만든 문헌학회에 참여하는 건 어떤가?

물론 참여하고 싶습니다. 저야 영광이지요.

1865년 12월, 리츨 교수는 자신이 지도한 학생 중에서 니체를 포함한 네 명의 학생을 라이프치히 문헌학회의 창단 회원으로 참여시켰습니다.

흠, 자네 의견이 색다르군. 다음번에는 그 이야기를 주제로 자네가 직접 강의를 했으면 하는데?

제가요? 아직 무리입니다!

아니야, 이것도 경험일세. 자신 있게 해 보게!

그래, 해 봐!

1866년 1월 18일, 니체는 고대 그리스 시인인 테오그니스의 마지막 교정본을 주제로 첫 강의를 했습니다.

저번에 강의한 테오그니스의 분석은 매우 흥미로웠네.

그런데 내 경험상 자네 나이에 이 정도의 글을 쓴 학생은 본 적이 없어. 설마 다른 사람의 것을 베낀 건가?

당치도 않습니다. 그것은 제가 오랫동안 연구해 왔던 주제입니다.

그래, 그렇단 말이지.

프리드리히는 성실하고
글재주도 좋아. 게다가
무엇보다도 문학에 대한
방대한 지식을
가지고 있지.

그는 문헌학을 위해서
태어난 것 같은 존재야!
반드시 내 뒤를
잇게 하겠어.

몇 번의 면담 끝에 리츨 교수는 니체에게
강의 내용을 소개하는 책을 만들어 보라고
권했습니다. 니체는 자신이 진짜 학자로
대접받았다는 것을 알고 뛸 듯이 기뻤습니다.

해냈어!

그런데 꼭 좋다고만
할 수는 없어.
이제 놀 시간 없이 공부만
해야 한다는 뜻이잖아.

차라리 잘됐어.
이제 다른 건 다 젖혀
두고 문헌학에만 빠져
있을 수 있거든!

그런 의미에서
오늘부터 시내의
모든 중고 책방을
뒤지며 책을 구하겠어.

쇼펜하우어?

철학자 쇼펜하우어의
《의지와 표상으로서의
세계》는 요즘
화제의 책이지.

이 책 주세요!

세상에! 어떻게 내 생각과
이렇게 똑같을까. 쇼펜하우어의
말대로라면 종교나 신이란 것도
결국은 인간이 살아가기 위해
만들어 낸 거야.

이 무렵 중고 책방에서 발견한 쇼펜하우어의 책은 니체에게
큰 충격을 주었습니다. 쇼펜하우어는 삶은 고통의 연속으로
고통에서 벗어나기 위해선 충동과 욕구를 억누를 줄 알아야
한다고 이야기했습니다.

삶을 고통으로 보며 세상을 비관적으로 바라보는
쇼펜하우어의 사상은 니체에게 큰 영향을 주었습니다.

사람들은 살면서 자신의 욕망을 이루고자
발버둥 치지만 사람의 욕망에는 끝이 없어.
그러므로 삶은 고통이지.

삶의 고통을 조금이라도 덜기 위해서는 끊임없는
자기 절제로 욕망을 버려야 해. 그것만이
고통에서 구원받는 길이야.

쇼펜하우어의 책을 접하면서 니체는
옛 문헌을 연구하는 문헌학에 대해서도
부정적으로 생각하게 됐습니다.

문헌학이라는 것도 결국은
죽은 책들을 공부하는 것이다.
이것에 의미가 있을까?

프리드리히!

쇼펜하우어 읽고 있구나?

쇼펜하우어는 정말 대단한 철학자야.

근데 지금 이런 책을 읽고 있을 때가 아니야. 오스트리아와 전쟁이 터졌다는 소식은 들었니?

응, 들었어. 곧 전쟁에 나가야 할 것 같은데, 걱정이야.

오스트리아와의 전쟁이 발발하자 독일의 청년들은 의무적으로 군대에 가야 했습니다. 니체 역시 1867년에 군대에 입대했습니다.

군대에 간 니체는 말에서 떨어져 크게 다치는 바람에 전쟁터에 나가지는 않았습니다. 그리고 전쟁이 끝나자 제대해 다시 대학교로 돌아왔습니다.

으악!

프리드리히, 너 살아 돌아왔구나! 우리 축하라도 할 겸 바그너의 오페라나 구경해 볼까?

바그너라고?

바그너의 오페라는 어렸을 때 크루크와 함께 연주했었지만 직접 들어본 적은 없어.

드디어 시작한다!

1868년 10월, 니체는 〈트리스탄과 이졸데〉와 〈뉘른베르크의 명가수〉 서곡을 접하고 바그너의 음악에 푹 빠지고 말았습니다.

이렇게 웅장했던가? 이렇게 가슴을 울렸던가? 아아, 어른이 된 지금에서야 비로소 바그너의 참모습을 알았어.

이 음악을 듣고 제정신을 유지한다는 건 불가능해! 지금 내 몸의 모든 신경이 감동과 황홀감으로 떨리고 있어!

바그너는 독일의 작곡가로 독일 문학을 기초로 한 웅장하고 극적인 내용의 오페라를 많이 만들었습니다.

바그너의 음악을 통해 자기들의 문화와 예술에 자부심을 갖게 된 독일 사람들은 그만큼 바그너에게 열광했습니다.

니체 역시 바그너의 열렬한 숭배자가 되었고, 그런 니체에게 뜻밖의 행운이 찾아왔습니다.

많이 익숙한 음악인데? 아, 혹시 바그너의 대표작 〈발퀴레의 비행〉 아닌가?

맞습니다, 교수님. 바그너는 정말 대단하지요?

바그너를 얼마나 숭배하는지 듣기만 해도 알 수 있군.

그럼 이쯤에서 사랑하는 제자를 위해 나도 뭔가를 해야겠군.

아, 피곤하다.

웬 편지지?

리하르트 바그너를 만나고 싶으면 3시 45분에 카페 테아트르로 올 것. 단 이 사실을 어느 누구에게도 말하지 말 것.

이게 꿈이야, 생시야!

당시 바그너는 사람들을 피해 신분을 숨긴 채 라이프치히에 머무르고 있었는데, 가끔 친한 친구들만 초대해 연주회를 하곤 했습니다. 그 친구 중에는 리츨 교수도 있었습니다.

자네가 내 열렬한 숭배자라는 리츨 교수의 제자인가?

네! 프리드리히 니체입니다.

리츨 교수님의 이야기로는 자네가 〈발퀴레의 비행〉도 연주한다던데.

그럼 합동 연주회를 부탁해도 될까?

여, 영광입니다!

이날은 니체의 인생에서 평생 잊을 수 없는 감격스러운 날 중 하루였습니다.

자네가 쇼펜하우어를 읽었다고? 나도 읽었네!

선생님도요?

인간의 고통을 그렇게까지 잘 이해하는 철학자는 쇼펜하우어밖에 없을 거야. 내 작품의 비극적인 장면도 어쩌면 그의 철학에서 영향을 받았는지도 몰라.

고통이 클수록 그것을 극복했을 때의 감동이나 실패했을 때의 좌절이 훨씬 더 깊어지죠.

자네 나랑 생각이 비슷하군. 마음에 드네.

어때, 가끔 내 집에 들러 곡도 연주하고 철학에 대해 토론해 보지 않겠나?

바그너 같은 위대한 음악가가 일개 학생인 내 손을 잡아 주다니!

바그너는 니체의 돌아가신 아버지와 외모가 비슷했을 뿐만 아니라 나이도 같았습니다. 니체는 자신만만하고 활기찬 바그너에게서 돌아가신 아버지의 모습과 함께 가장 이상적인 인간의 모습을 떠올리기도 했습니다.

1869년.

뭐라고요? 그게 사실인가요?

내가 언제 헛소리한 적 있나? 말 그대로 바젤 대학교의 고전 문헌학 교수로 자넬 추천했네.

하, 하지만 전 고작 스물네 살밖에 안 됐다고요!

나이가 무슨 상관인가?
자네는 내가 가르친
학생 중 가장 훌륭하네.

하지만 전······.

나한테 이렇게까지
잘해 주시는 교수님께
문헌학에 대한 흥미가
떨어졌다고 말을
할 수는 없어.

알겠습니다.
한번 해보겠습니다.

자넨 분명 유능한
교수가 될 거야.

날 뛰어넘어 보도록 하게.
스승에겐 그것만큼 기쁜 일은
없다네.

리츨 교수님!

1869년 초, 니체는 리츨 교수의 추천으로 바젤 대학교에
교수로 가게 됐습니다. 바젤은 스위스에 있는 도시였지만,
분위기는 독일과 비슷했습니다.

말도 통하는 데다
분위기가 비슷해서
적응에 어려움은
없겠어.

우선 학장님을 만나 인사를 드려야 할 것 같은데……

혹시, 학장실이 어디인지 아는가?

뭐?

혹시 신입생? 여긴 하급생이 오는 곳이 아니야.

그럼! 여긴 상급생들이나 교수님만 쉬러 오는 공간이라고.

나는 교수일세.

와하하! 나보다 어려 보이는데 교수래. 지금 장난하냐!

네, 바로 접니다.

혹시, 프리드리히 교수님이십니까?

스물네 살의 젊은 교수는 드물어서 학생들이 실수를 했습니다.

괜찮습니다. 저라도 마찬가지였을걸요.

내가 너무 젊어서 학생들은 물론이고, 다른 교수님들도 부담을 가질 것 같아. 나이 들어 보이게 콧수염이라도 길러 볼까?

이제야 좀 근엄한
교수 티가 나는군.

이 무렵부터 니체는 본격적으로 수염을
기르기 시작했습니다.

한스! 내가 지난번 숙제로 내준
*일리아드에 나오는 방패에 대해
묘사해 보도록.

크, 큰일 났다.
숙제를 못 했는데…….
화내시겠지?

*일리아드: 고대 그리스 시인 호메로스가 트로이 전쟁을 주제로 쓴 서사시

음,
그렇단 말이지.

맞네, 방패의
문양이 그 주인의
성격을 암시할 수도
있어. 재미있는
발상이야.

반면 방패 문양의
묘사를 통해 그 시대의
예술 수준을
가늠할 수도 있지.

니체는 대답을 못 한 학생을 혼내기는
커녕 마치 학생이 대답을 한 것처럼
십여 분 동안 고개를 끄덕이며
교단 앞을 서성였습니다.

그건 나와 약간
의견이 다르군.
하지만 생각해 볼
여지는 있어.

한스, 잘했네.
다음엔 지금보다 더
잘할 수 있을 거네.

그럼 수업을 계속 진행해 볼까?

교수님! 고맙습니다.

니체가 이렇게 행동한 것은 학생의 자존심을 지켜 주고 싶었기 때문이었습니다. 이렇듯 니체는 멋쟁이였을 뿐만 아니라, 겸손하고 너그러운 태도로 학생들에게 인기가 많았습니다.

교수 생활도 썩 나쁘진 않아. 학생들을 가르치며 유명한 교수들을 직접 만날 수 있으니까.

내일은 수업이 많군. 나도 준비를 해 둬야……

니체 교수님, 손님이 찾아오셨습니다.

손님?

여전히 바쁘구먼.

프리드리히 니체!
내가 아는 가장 젊은
교수님이지.

바그너 선생님!
도대체 여긴 어쩐 일로?

여기서 멀지 않은
곳으로 이사 왔네.

시간 있으면 찾아오게.
자네라면 언제든
환영이니까.

그럼요!
귀찮을 정도로 찾아
뵙겠습니다.

니체는 루체른 호숫가에 있는 바그너의 집을
자주 방문하며 바그너와 즐겁게 지냈습니다.

자네는 내 아들이나
마찬가지야. 언제까지고
우리 가족일세.

바그너의 별장에는 니체를 위한 방까지 마련돼
있었고 바그너의 자녀들도 니체를 형이라고
부르며 매우 따랐습니다.

나비 잡으러 가자,
응?

형, 책만 읽지 말고
놀자!

얘들아. 교수님을
방해하면 안 돼요.

하하하, 전
괜찮습니다.

음!

왜 그래요,
어디 아파요?

아닙니다.
어렸을 때부터 두통이
있었어요.

눈 때문일 거예요.
시력도 나쁜데,
책 보느라 눈에 힘을
주다 보니까.

그렇다면
다행이지만. 그래도
무리하지는 마세요.

휴~ 요즘 두통이
부쩍 심해진 것 같아.
책상 앞에 앉아 있는
것도 힘들군.

탁

니체가 영향을 끼친 분야

하나 │ 문학

헤르만 헤세

독일의 소설가이자 시인 헤르만 헤세

헤르만 헤세(1877~1962년)는 《수레바퀴 아래서》, 《데미안》, 《싯다르타》와 같이 인간의 감성을 건드리는 뛰어난 문학 작품을 집필한 독일의 소설가이자 시인이에요. 그는 생애 마지막으로 쓴 《유리알 유희》로 1946년 노벨 문학상을 받았고, 이 일로 세계적인 명성을 얻기도 했습니다.

그런데 이렇게 세계적인 작가인 헤르만 헤세도 프리드리히 니체의 영향을 많이 받은 사람 중 한 명이라는 것을 알고 있나요? 그는 자신의 소설 속에서 프리드리히 니체가 주장한 '초인'과 유사한 모습의 인물상을 자주 등장시켰어요. 그리고 기독교적 세계관에서 벗어나는 인간의 모습과 인간 내면에 대한 진지한 갈등을 주로 다루었습니다. 고난을 극복하는 굳건한 의지와 운명에 맞서는 용기 있는 인간의 모습을 강조하는 것도 프리드리히 니체의 영향이라고 볼 수 있지요. 실제로 헤르만 헤세의 대표 소설 중 하나인 《데미안》에서 주인공 싱클레어가 프리드리히 니체의 책을 읽으며 작가에게 공감하는 장면이 나오기도 합니다.

1919년에 출간된 《데미안》의 초판본
© Zassen

헤세는 같은 해 《차라투스트라는 이렇게 말했다》를 재해석해 《차라투스트라의 귀환》이라는 이름의 책을 출간하기도 했습니다. 헤르만 헤세는 그 책에서 차라투스트라의 입을 빌려 제1차 세계 대전이 끝난 뒤, 절망하는 독일 청년들에게 '우리 모두 자기 자신이 되어야 한다!'고 이야기하며 힘을 북돋아 주었어요.

윌리엄 버틀러 예이츠

윌리엄 버틀러 예이츠(1865~1939년)는 1923년에 노벨
문학상을 받은 아일랜드 출신의 세계적인 시인이자
극작가입니다.

1889년, 첫 번째로 펴낸 시집《마신의 방황》을 통해 유명한
시인들에게 인정받은 그는 이후로도 작품 활동을 계속하며
명성을 떨쳤습니다. 그러던 중 윌리엄 버틀러 예이츠는
시를 쓰면서 점점 신화와 상징성에 몰두하게 되었고,
그와 함께 프리드리히 니체의 영향을 받아 그의 사상에
특징적으로 나오는 초인과 영원 회귀의 개념 등을 시에
도입하기 시작했습니다. 그가 처음 시를 쓴 시기의
작품들은 낭만적인 분위기였으나, 시간이 흐를수록
프리드리히 니체를 알지 못하는 사람은 이해하기
힘든 상징적 표현이 자주 나타나게 되었지요.
이처럼 윌리엄 버틀러 예이츠는 프리드리히 니체의
비극적 삶과 예술에 대한 태도 등에서 큰 영향을
받았습니다.

윌리엄 버틀러 예이츠

윌리엄 버틀러 예이츠의 고향, 아일랜드의 풍경
© Andrew Parnell

who? 지식사전

하늘의 천

윌리엄 버틀러 예이츠

노을 지는 하늘 풍경 © Mar10os

내게 금빛과 은빛으로 짠
하늘의 천이 있다면.

어둠과 빛과 어스름으로 수놓은
파랗고 희뿌옇고 검은 천이 있다면.
그 천을 그대 발밑에 깔아 드리련만

나는 가난하여 가진 것이 꿈뿐이라
내 꿈을 그대 발밑에 깔았습니다.

사뿐히 밟으소서.
그대 밟는 것이 내 꿈이오니

독일 근대 음악계의 거장 리하르트 슈트라우스

둘 음악

리하르트 슈트라우스

리하르트 슈트라우스(1864~1949년)는 독일 근대 음악계의
거장으로 손꼽히는 사람이에요. 음악가 가정에서 태어나
여섯 살 무렵부터 작곡을 배웠고, 열일곱 살 무렵부터는 직접
작곡한 교향곡을 사람들 앞에서 선보이는 등 천재 음악가의
모습을 보여 줬지요.
관현악과 교향시 등 다양한 음악 분야에서 두루 재능을
발휘하던 리하르트 슈트라우스는 서른 살이 되던 해, 처음으로
오페라 〈군트람〉을 발표했지만, 반응은 좋지 않았습니다.
하지만 그는 포기하지 않았고, 1905년 당대의 인기 작가인
오스카 와일드의 희곡을 바탕으로 만든 〈살로메〉를 발표해
큰 인기를 얻는 데 성공했어요. 리하르트 슈트라우스는 이후,
다양한 오페라들을 만들어 내며 독일의 대표적인 작곡가이자
지휘자로 우뚝 섰습니다.
리하르트 슈트라우스는 뮌헨 대학교에서 철학 강의를 듣던
중 《차라투스트라는 이렇게 말했다》를 읽고 그 사상에 깊이
끌렸습니다. 그래서 그는 1896년, 자신이 읽은 책과 같은
이름의 곡을 작곡했으며, 곡 속에 프리드리히 니체가 주장한
인간의 위대함과 초인 정신을 담기 위해 노력했습니다. 이
곡은 1968년에 만들어진 스탠리 큐브릭 감독의 영화 〈2001
스페이스 오디세이〉의 오프닝 곡으로도 유명해요.

오스카 와일드의 희곡 《살로메》의 삽화

셋 심리학

카를 융

카를 융(1875~1961년)은 지크문트 프로이트와 함께
정신 분석학을 개척한 스위스의 정신 의학자입니다. 그는
지크문트 프로이트의 공식적인 후계자로 불릴 만큼 인정받는

학자였는데, 그 자리에 만족하지 않고 인간의 정신을
탐구하는 자신만의 새로운 학설을 만들어 냈어요.
이렇게 분석심리학의 성립에 큰 영향을 준 그는
자기 학문의 많은 부분이 프리드리히 니체의 영향을
받았다고 이야기했습니다. 그는 프리드리히 니체의
책《차라투스트라는 이렇게 말했다》를 무척 중요하게
여겼는데, 그 책을 '인간 심리의 보물 창고'라고
이야기하며 깊이 있게 연구했어요.

프로이트와 함께 정신 분석학을 개척한 카를 융

실제로 프리드리히 니체는 철학자로서 인간의 심리를 깊이
있게 탐구했고, 사람이 두 가지 이상의 성격을 가지고
있다고 이야기했어요. 그래서 많은 사람이 자신의
성격에서 스스로 받아들이기 힘든 부분을 억누르고 있다고
주장하기도 했지요. 카를 융은 프리드리히 니체의 이러한
인간 심리 탐구에 많은 영향을 받아 분석심리학 연구를 더
깊이 있게 전개했습니다.

정신 분석학의 창시자 지크문트 프로이트

who? 지식사전

정신 분석학

지크문트 프로이트는 인간 안에 잠재해 있는 무의식의 영역을 최초로 사람들에게
알린 학자로서 그의 연구를 토대로 '정신 분석학'이라는 학문이 만들어졌어요.
지크문트 프로이트가 무의식에 대해 연구하기 전까지 사람들은 스스로 인식하지
못하는 생각의 세계, 즉 무의식이 있다고 생각하지 못했습니다. 그래서 많은
신경증과 정신 질환의 원인을 제대로 파악하지 못하는 경우가 많았지요. 하지만
정신 분석학이 체계적으로 정리되면서 의식에서 억압된 감정과 욕망, 생각들이
모여 있는 무의식의 세계가 의식에까지 영향을 미쳐 다양한 정신 질환의 원인이
된다는 것을 알아냈습니다. 지크문트 프로이트 이후, 정신 분석학은 카를 융과
윌리엄 라이히, 자크 라캉 등 여러 학자에 의해 연구되며 의학, 사상, 문학, 예술 등
다양한 분야에 큰 영향을 미치고 있습니다.

정신 분석학은 인간의 무의식을 탐구하는
학문입니다.

6 방랑의 시작

1870년경 니체는 많은 병에 시달렸습니다. 소년 시절부터 겪었던 만성 두통은 물론이고, 전염병에 걸리기도 했습니다.

교수님?

휴가를 신청했다고 하더군.

제가 좀 지친 것 같아서요. 겨울 학기가 끝날 때까지만 쉬기로 했습니다.

너무 무리하지 말고 푹 쉬게. 내가 학교 측에 잘 얘기해 보겠네.

1871년 2월, 일 년간의 휴가를 얻은 니체는 오랜만에 가족과 재회했습니다.

오빠!

엘리자베트, 먼저 와 있었구나!

니체는 가족들과 함께 알프스 주변을 여행하며 즐거운 한때를 보냈습니다.
하지만 휴양을 갔다고 해서 니체가 쉬기만 했던 것은 아니었습니다.

건강도 안 좋은데, 아직도 일하고 있었니?

이것만 마저 쓰고요.

뭘 쓰고 있는데? 혹시 연애편지?

어머니도 참, 공부하느라 연애할 시간도 없어요.

이건 그 사람에게 바치는 제 존경의 글이에요.

그 사람이라니?

지금은 비밀입니다. 완성되면 보여 드릴게요.

니체는 쉬는 틈틈이 《비극의 탄생》을 집필했습니다. 《비극의 탄생》은 그리스 비극과 예술에 관한 내용으로 니체가 정식으로 출간한 최초의 책입니다.

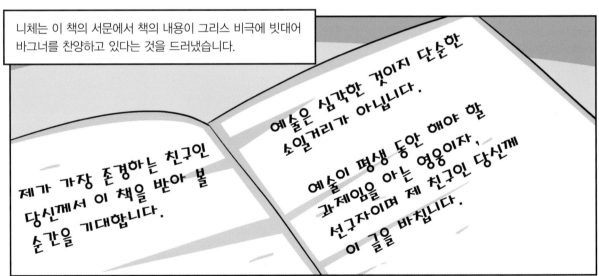

니체는 이 책의 서문에서 책의 내용이 그리스 비극에 빗대어 바그너를 찬양하고 있다는 것을 드러냈습니다.

제가 가장 존경하는 친구인 당신께서 이 책을 받아 볼 순간을 기대합니다.

예술은 심각한 것이지 단순한 소일거리가 아닙니다.

예술이 평생 동안 해야 할 과제임을 아는 영웅이자, 선구자이며 제 친구인 당신께 이 글을 바칩니다.

이거 괜찮은데? 이건 반드시 출간해야 해!

농담은 그만해. 이십대 중반의 초보 교수의 글을 누가 출간해 주겠나?

아닐세. 내가 바그너 전문 출판사를 알고 있는데, 그곳이라면 이 책을 출간해 줄 거야.

정말인가?

이렇게 해서 세상에 나온 《비극의 탄생》은 여러모로 화제를 몰고 왔습니다.

비극의 탄생

이 책 정말 재밌지 않니?

비극이 어떻게 만들어졌는지 설득력 있게 설명하고 있어.

바그너를 좋아하는 사람들은 《비극의 탄생》에 열렬한 찬사를 보냈지만, 학계에서는 지나치게 바그너를 찬양하는 내용이 있다는 이유로 무시했습니다.

이게 바그너 찬양집이야, 아니면 학술지야?

한 인물을 이렇게 과대평가해서는 학자라고 할 수 없어!

너무 감성적이야. 도저히 논문이라고 할 수 없군.

10월 무렵, 니체는 다시 대학교로 돌아왔습니다.
그러나 니체의 병은 점점 더 깊어졌습니다.

으윽!

우웩!

벌써 사흘째 잠을 못 잤어.
게다가 먹기만 하면 토하고.
내게 심각한 병이 있는 것은
아닐까?

교수님,
오랜만에
뵙겠습니다.

프리드리히, 돌아왔으면
왔다고 나한테 연락을……

자네 몰골이
그게 뭔가?

네? 왜 그러시죠?

자네 무슨 큰 병 있는 거 아닌가?

늘 있는 두통 때문에 며칠 잠을 못 잔 것뿐이에요.

수업에는 지장을 주지 않을 테니, 걱정하지 마세요.

그래도 무리하지는 말게. 수업도 좋지만, 먼저 자네 몸부터 챙겨야지.

쓰러지기엔 난 너무 젊다. 무한할 가능성을 앞에 두고 포기하지 않겠어. 내가 병에 질까 보냐!

몇 달 뒤.

자, 어서 오게. 내 신작품 첫 공연이야. 자네에게 자리를 마련해 주지.

감사합니다, 바그너 선생님.

무슨 말이에요, 자리가 없다니!

저기 자리가 텅텅 비어 있잖아요!

거긴 아무나 앉는 곳이 아니에요!

그럼 저 사람은 왜 저기 앉죠?

그야 유명 인사니까요.

가난뱅이 주제에 오페라는 무슨…….

더럽다, 더러워! 가난한 사람은 돈을 주고도 오페라를 못 보는구나!

선생님 저건 도리가 아닌 것 같습니다. 먼저 온 것은 저 사람이라고요.

그야 순서는 그렇지만.

힘 있고 돈 있는 사람들이 좋은 자리를 차지하는 게 극장에 도움이 될 거야. 내가 나서기 어렵군.

이럴 수가! 이런 불합리한 일에 독일의 자부심인 바그너가 나서지 않으면 누가 나서야 한단 말인가!

내용적으로도 종교적 색채가 짙어졌어.

종교를 부정하고 쇼펜하우어를 찬양하던 사람의 작품 같지가 않아, 이건 내가 알던 바그너의 음악이 아니야.

거기다 과장된 무대 효과 때문에 음악이 과대평가받고 있어. 무대 효과 없이 음악만 들었을 때도 사람들이 이렇게 열광할까?

병에 걸려 예민해진 니체는 점점 모든 것을 냉정하게 바라보게 되었고, 그 때문에 가장 이상적인 인간이라고 생각하며 존경하던 바그너의 실망스러운 모습에 눈을 떴습니다.

벌써 일어나나?

몸이 아파서요. 이만 실례하겠습니다.

난 바그너를 가장 이상적인 인간이라고 생각했어.

하지만 내 착각이었어. 바그너도 우리처럼 세상의 더러움에 물이 든 평범한 인간이었다.

이후 니체는 더는 바그너를 숭배하지 않았고, 그의 집을 방문하지도 않았습니다.

바그너는 진정한 위인이 아니었어.

진정한 위인은 어디에 있단 말인가? 과연 그런 이상적인 인간이 존재하기나 할까?

프리드리히, 이번 논문에서 바그너에 대한 찬양이 갑자기 비판으로 바뀌었더군. 도대체 어쩐 일인가?

그게 문제가 되나요?

당연히 문제가 되지. 학자라면 중심이 뚜렷해야지 이리저리 흔들리면 안 되네.

저번까지만 해도 바그너를 그렇게 찬양하더니……

그런데 일단 자네 좀 쉬는 게 어떤가?

아닙니다. 다시 학교 나온 지 얼마나 됐다고.

안색이 무척 안 좋으니 무리하지 말게나. 자넨 내 소중한 제자니까.

걱정하지 마세요.

선생님께 지금 쓰고 있는 책만 마무리하면 교수직을 그만둘 거라고 도저히 이야기할 수가 없군.

얼마나 걱정하실지 생각하면 너무 죄송하지만, 하루하루 몸이 나빠지는 것이 느껴져.

1878년, 니체는 수백 개의 짧은 글귀들로 이루어진 《인간적인, 너무나 인간적인》이라는 책을 썼습니다. 이 책은 주로 전통적 종교와 도덕을 비판하는 한편, 어느 것에도 얽매이지 않는 개인의 자유정신을 강조했습니다.

콜록

콜록

성직자들이 이 책을 읽고 나서 굉장히 화를 낼 것 같은데.

그럴 수도 있겠지. 하지만 종교라고 해서 비판하지 못한다면, 결국 그 종교는 부패하게 돼.

거기다 어차피 한동안 학계를 떠나야 하니, 그들이 날 비난해도 상관없다네.

프리드리히! 학교를 그만둔다는 게 사실인가?

교수님도 아시다시피 제 건강이 예전 같지 않아서요.

게다가 제 수업을 신청하는 학생들도 줄었고요. 아마 제가 종교를 비판한 것도 영향이 있겠죠?

그래도 운이 좋아요. 적지만 연금을 받을 수 있거든요.

그동안 고마웠습니다. 리츨 교수님. 교수님 기대대로 되지 못해서 죄송해요.

무슨 소리인가.

내 평생 자네처럼 뛰어난 제자는 본 적이 없어. 난 언제나 자네를 기다릴 거야.

다시 만날 땐
건강해진 모습이었으면
좋겠네.

네, 알겠습니다!

급격히 건강이 나빠진 니체는 1879년 바젤 대학교를 그만두었습니다.

이제 내게 남은 건
이 가방 하나뿐이군.

고향으로 돌아갈까?
아니면 친구를 찾아
여행을 다녀 볼까?

아니지. 내 인생에서
어디에 얽매이지 않으면서도
이렇게 많은 시간을
가진 적은 없었어. 시간을
소중히 생각해야 해.

우선 건강 회복에 중점을 두자. 그리고 남는 시간에는 뭘 하지?

지금 막 시작한 여행이 언제 끝날지는 모르겠지만, 그 기간만큼은 아무런 방해 없이 내가 정말로 써 보고 싶었던 글을 쓰는 것도 좋겠지.

이 여행을 통해 내가 이 세상에 살았었다는 증거가 되는 글을 쓸 수 있으면 좋겠군.

니체는 건강을 위해 날씨 좋은 곳을 찾아 이탈리아, 남부 프랑스, 스위스 등을 돌아다녔습니다.

외롭다는 것을 빼면 혼자라는 것도 좋군. 이 낡은 가방만 있으면 부담 없이 어디로든 떠날 수 있으니까.

그리고 남는 시간엔 내가 세상에서 가장 좋아하는 일을 할 수 있지. 이 기차 안에서도 말이야.

휴양을 겸한 이 시기에 니체는 어느 때보다도 많은 글을 썼습니다. 《아침노을》, 《즐거운 지식》 같은 작품이 이 무렵에 쓰였습니다. 글을 쓴다는 것 자체가 니체가 병을 잊는 유일한 방법이었던 것입니다.

1882년경에는 바젤 대학교의 동료 교수이자 철학자였던 파울 레와 함께 제네바를 여행하기도 했습니다.

자네 글은 학자들을 위한 글이 아니야. 너무 감성적이거든.

바로 그게 내 글의 특징이지.

자, 책 이야기는 이쯤하고 이제 슬슬 다음 행선지를 정해야지.

혹시 목표로 삼은 곳이 있는 건가?

로마는 어때?

로마? 꼭 가 보고 싶었던 도시일세.

로마에는 내가 아는 사람도 많으니까 심심하지는 않을 거야.

새로운 사람과의 만남은 언제나 설레지.

대단하군. 로마는 도시 곳곳에 신화의 향기가 감도는 것 같아!

로마 교외의 작은 파티장.

아!

이 파티에는 독일의 여류 문학가이자 비평가인
루 살로메도 참석해 있었습니다.

이십대 아가씨인데,
폐병을 치료하고자
어머니와 함께 로마에
휴양하러 왔다는군.

정말 매력적이군.

살로메 양, 여기는
제 친구 프리드리히
니체입니다.

반가워요.

저도
바, 반갑습니다.

루 살로메를 본 순간, 니체는 생애 처음으로
사랑에 빠졌습니다.

루 살로메는 프로이트, 릴케 등 유럽의 지식인들로부터 숱한 구애를 받을 정도로 매력적인 여인이었습니다.

운 좋게도 니체는 한동안 살로메 가족과 함께 여행을 다닐 수 있었는데, 니체의 여동생 엘리자베트도 이 여행에 동행했습니다.

난 루 살로메가 마음에 안 들어.

어째서? 우아하고 세련됐잖아.

살로메는 너무 자유 분방하다고. 순진한 오빠에게 분명히 안 좋은 영향을 미칠 거야.

지나친 걱정이야. 살로메는 누구에게 상처를 줄 사람이 아니야.

살로메 양!

안타깝게도 엘리자베트의 걱정은 곧 현실이 되었습니다.
루 살로메는 니체의 청혼을 두 번이나 거절했던 것입니다.

이건 아니에요. 우린 오누이처럼 지내기로 약속했었잖아요.

살로메, 내 마음을 받아 주세요.

전 누구와도 결혼하고 싶은 생각이 없어요. 평생 자유롭게 살 거라고요!

살로메의 거절은 니체의 가슴에 깊은 상처를 남겼고, 니체는 살로메의 곁을 떠나 가족이 있는 나움부르크로 돌아갔습니다.

앞으로 내가 여자를 사랑하게 되는 일은 없을 거야.

루 살로메는 잊어. 오빠를 이해해 주는 사람이 반드시 나타날 거야.

이 실연은 병 때문에 약해진 니체의 몸과 마음에 큰 타격을 주었습니다.

방랑의 시작 **149**

병이 깊어지자 니체는 스위스의 시골 마을 질스마리아에 머물며 사람들과의 만남을 피했습니다.

니체는 그곳의 아름다운 풍경에서 *영감을 받아 작품 활동을 했는데, 마을의 호숫가를 거닐며 다음에 쓸 책을 구상하기도 했습니다.

내가 만약 위대한 인물이라면 이런 산속에서 머무를 거야. 그리고 가끔 산에서 내려와 사람들의 삶에 도움이 되는 조언을 해 주겠지.

*영감: 기발한 생각이나 자극

이거 뭔가 근사한
이야깃거리가
나올 것 같은데!

으윽.

니체의 병은 점점 더 깊어져만 갔고,
얼마 뒤에는 산책조차 힘겨워져서
누워 지내는 날이 더 많아졌습니다.

산책은 무리입니다.
몸이 힘들면 아예 침대에서
일어나지 마세요.

이곳엔 친구도 없는데,
좋아하는 산책마저 할 수 없다면
나한테 뭐가 남을까…….

아니야, 아직 나에게는
글쓰기가 남았어.

니체는 자신이 병에 맞서 얼마나 버틸지 알 수
없었습니다. 그래서 이 무렵부터 글 쓰는 일에
필사적으로 매달렸습니다.

정신적 고통 속에서도 업적을 이룬 사람들

서른여덟 살의 프리드리히 니체

프리드리히 니체는 그 어떤 철학자보다 뜨거운 열정과 강인한 의지를 갖추고 있었지만, 젊은 나이부터 건강이 좋지 않았습니다. 서른 살이 넘자 한 해 동안 100회 이상의 발작을 일으킬 만큼 건강이 나빠졌고, 결국 바젤 대학교의 교수직에서 물러나야만 했지요. 이후, 프리드리히 니체는 건강을 위해 공기 좋은 곳을 찾아 휴양을 다녔지만 몸은 좋아지지 않았고, 나이가 들면서 정신 질환으로도 고통받기 시작했어요. 그러다 1889년 마흔다섯 살이 되던 해, 길에서 쓰러진 프리드리히 니체는 그대로 정신을 잃었습니다. 그의 상태는 급격히 나빠졌고 거리를 뛰어다니며 노래를 부르거나 친구들에게 자신이 신이라고 이야기하는 등 12년 동안 심한 정신 질환을 앓다 세상을 떠났습니다.

누구보다 열정적으로 삶과 세상에 대해 고민했던 니체에게 정신 질환은 큰 고통이었을 거예요. 하지만 완전히 정신을 잃기 전까지 니체는 자신의 생각을 정리하고자 했습니다. 니체 외에도 정신적인 고통을 겪으면서도 자신이 속한 분야에서 중요한 성취를 이룬 사람들이 있습니다. 이들은 누구이며, 어떤 업적을 남겼는지 알아볼까요?

한스 올데가 그린 프리드리히 니체의 그림.
정신 질환이 심해진 모습입니다.

하나 빈센트 반 고흐

빈센트 반 고흐(1853~1890년)는 서양 미술사를 통틀어 가장 사랑받는 화가 중 한 명이에요. 일반 사람들에게 가장 널리 알려진 화가라고도 할 수 있지요. 그는 정규 미술 교육을 받지는 못했지만, 존경하던 화가의 작품을 따라 그리며

독학으로 그림을 익혔어요. 그의 이런 면은 화려한 색채와 독특한 붓 터치, 나선과 원, 물결 등 다양한 형태의 선으로 형상을 구성하는 독특한 화풍을 완성하는 데 큰 역할을 했습니다.

현재, 빈센트 반 고흐의 작품은 아주 높은 가격으로 거래되고 있습니다. 그만큼 그의 그림을 아끼고 사랑하는 사람이 많다는 것을 뜻하지요. 그런데 안타깝게도 그의 작품은 그가 살아 있을 때에는 빛을 보지 못했습니다. 화가로서 제대로 된 벌이가 없었던 그는, 생활의 모든 것을 동생인 테오에게 의지하는 고단한 삶을 살았습니다. 그러던 중 친구 화가인 폴 고갱과의 불화와 심한 어지러움과 이명, 난청을 유발하는 메니에르병 때문에 자신의 귀를 자르는 불행한 일이 일어났어요. 빈센트 반 고흐는 이 일로 정신 발작을 일으키는 등 매우 고통스러워했습니다. 병으로 인한 고통은 감정의 기복이 심해지는 조울증으로 이어졌고, 그의 상태는 정신 병원에 입원해야 할 정도로 나빠졌지요. 이렇게 정신 질환으로 고통받던 그는 결국, 서른일곱이라는 나이에 스스로 생을 마감했어요. 빈센트 반 고흐는 자신의 귀를 자른 뒤, 정신 병원에 입원하며 동생 테오에게 이런 편지를 쓰기도 했어요.

열세 살 소년 시절의 빈센트 반 고흐

"피할 수만 있다면 이 고통스러운 병을 정말로 피하고 싶다. 내가 이 병에 걸린 건 내 잘못이 아니며, 나와 같은 고통을 겪고 있을 수많은 다른 사람을 생각하면 잠을 이루지 못하겠다."

우리는 이 편지글을 통해, 그가 정신 질환 때문에 얼마나 큰 고통을 겪었는지 조금이나마 알 수 있습니다. 그는 고통 속에서도 그림에 대한 열정을 갖고 자신의 감정을 담은 훌륭한 작품을 여럿 남겼답니다.

빈센트 반 고흐의 대표작 〈별이 빛나는 밤에〉.
그만의 독특한 화풍이 잘 살아 있는 그림입니다.

둘   찰스 다윈

존 콜리어가 그린 찰스 다윈

찰스 다윈(1809~1882년)은 우리에게 알려진 가장 유명한
생물학자 중 한 명입니다. 그는 《종의 기원》이라는 책을
통해 인간과 동물이 환경에 적응해 점점 진화했다는
진화론을 주장해 유럽 사회에 큰 충격을 안겼지요. 당시 유럽
사회에서는 종교가 매우 중요했으며, 신이 인간을 현재의
모습대로 창조했다고 믿고 있었습니다. 따라서 그 의견에
맞서는 찰스 다윈의 주장은 사회 전반에 걸쳐 커다란 충격을
불러일으켰어요. 《종의 기원》은 생물학의 발전을 이끌었을
뿐 아니라, 유럽 사회가 사상적으로도 변화하는 데 큰 업적을
세웠답니다.

그런데 이렇게 위대한 생물학자인 찰스 다윈도 아주
오랫동안 정신 질환인 공황 장애와 광장 공포증으로
고통받았습니다. 공황 장애는 별다른 이유 없이 갑작스럽게
심한 불안에 휩싸이는 병입니다. 한번 증상이 나타나면
심장이 마구 뛰며 땀이 나거나 가슴이 답답해 숨이 차는데,
이 증상이 언제 어떻게 나타날지 모르기 때문에 이 병에
걸린 사람들은 항상 불안에 시달린다고 해요. 광장 공포증은
백화점처럼 사람이 밀집한 곳이나 광장처럼 넓은 곳에
혼자 남겨지면 심한 공포를 느끼는 병입니다. 이 증상이
생기면 밖에 혼자 다니는 일을 두려워하게 돼서 외출하는
것이 힘들어진다고 해요. 찰스 다윈은 병이 심해진 30대
이후부터는 집에서 거의 벗어나지 않았고, 정신적으로도 매우
불안정했다고 합니다. 안타깝게도 사회적인 활동도 활발하게
하지 못했습니다.

광장 공포증이 있는 사람은 넓은 공간을
두려워합니다. ⓒ paukrus

셋   바츨라프 니진스키

바츨라프 니진스키(1890~1950년)는 1900년대 초반에

활동한 발레 무용수이자 안무가로, 전성기 시절에는 '발레의 신'이라고 불렸던 남자입니다. 그는 오랫동안 여성 무용수가 중심이었던 발레에서 남성 무용수도 주인공이 될 수 있다는 것을 보여 주었어요. 높은 도약과 정확한 표현, 창조적인 동작으로 당시 사람들에게 '그는 마치 신처럼 춤춘다!'라는 감탄을 듣기도 했지요. 또한, 전통적인 발레와는 거리가 먼 혁신적인 안무를 만들어 내 현대 발레에 엄청난 영향을 끼치기도 했습니다.

바츨라프 니진스키는 이렇게 뛰어난 무용수였지만, 자신이 소속된 발레단을 이끄는 댜길레프와의 불화와 행복하지 않은 결혼 생활 때문에 스물여섯 살이라는 어린 나이부터 정신 질환에 시달렸습니다. 스물아홉 살이 되던 해에는 무대에서 완전히 내려와야만 했지요. 이후, 30년이 넘는 세월 동안 정신병원을 전전하다가 1950년 4월 8일, 세상을 떠났습니다. 안타까운 삶이었지만, 그가 보여준 놀라운 무용 기술은 후대 무용수들의 기준과 실력을 높이는 데 크게 기여했답니다.

바츨라프 니진스키가 주연한 공연 〈장미의 정령〉

who? 지식사전

고전 발레와 현대 발레

14세기 이탈리아 왕실의 사교춤으로부터 시작된 발레는 프랑스와 러시아 왕실로 퍼져 나가며 고급스러운 장소에 어울리는 화려하고 우아한 춤으로 발전했어요. 몇백 년이라는 시간이 흐르며 의상과 춤의 동작들이 변화하기는 했지만, 왕실에서 시작된 춤이기 때문에 전체적인 움직임의 통일성, 춤의 조화와 대칭, 규칙과 질서를 무척 중요시했지요. 이 시기까지의 발레를 고전 발레라고 부릅니다. 그런데 19세기 말부터 사람들은 고전 발레의 이러한 엄격한 움직임에서 벗어나, 원시적이고 야성적인 움직임을 보여 주었어요. 거기에 맞춰 음악과 의상도 이전과는 완전히 달라졌지요. 이런 새로운 발레가 최초로 선보여진 것은 바츨라프 니진스키가 직접 안무하고 춤춘 〈목신의 오후〉입니다. 이 작품은 '현대 발레의 시초'라고 불립니다.

레온 박스트가 그린 바츨라프 니진스키. 그가 〈목신의 오후〉를 공연할 때의 모습입니다.

7 신은 죽었다

1882년 12월, 니체는 친구들과 편지로 소통하며 혼자만의 시간을 가졌습니다.

나는 내가 해야 할 숙제 앞에 외로이 서 있어. 그리고 나에겐 견딜 수 없는 고통을 막아 줄 방어벽도 필요하지. 이런 내게 숙제이자 방어벽이 되는 것은 바로 글을 써야 한다는 사실이다.

으음.

시력이 떨어져 잘 안 보이니 눈에 힘을 주게 되고, 눈에 힘을 주다 보면 두통이 생기지. 악순환이로군.

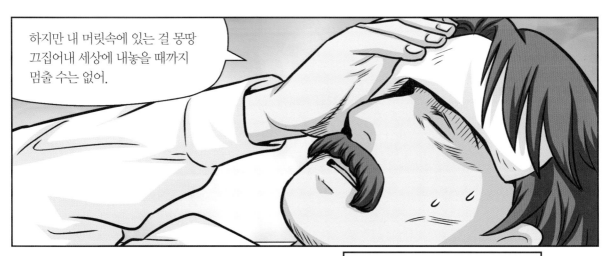

하지만 내 머릿속에 있는 걸 몽땅 끄집어내 세상에 내놓을 때까지 멈출 수는 없어.

왔다! 뭔지 모르지만, 느낌이 왔어. 내 머릿속의 상상이 내 손을 통해 세상에 나오려 하고 있는 거야!

이 시기, 니체는 무언가에 도취한 듯 빠르게 글을 써 내려갔습니다.

이 순간을 놓치면 안 돼! 난 지금 창조해 내야만 해. 내가 가장 원했던 이상적인 인간의 모습을! 세상을 바꿀 위대한 선구자를!

그래, 이거야!

잠도 제대로 안 자고 며칠째 글을 쓰다니. 대단한 정신력이야.

타닥

타닥 탁

나왔다! 이 세상에 나왔어. 이것이 바로 내가 가장 바라는 인간의 모습이다.

그 이름은 바로 차라투스트라!

니체는 결국, 열흘 만에 하나의 책을 완성했습니다. 그 책의 제목은 《차라투스트라는 이렇게 말했다》였습니다. 책에는 '차라투스트라'라는 인물이 등장하는데 그는 기원전에 살았던 아주 유명한 예언자였습니다.

니체의 책에서 은거 생활을 하던 예언자 차라투스트라는 자신이 깨달은 철학을 세상에 알리기 위해 산에서 내려와 충격적인 말을 했습니다.

신은 죽었다!

사람은 자기 운명을 신이 아닌 자기 스스로 책임져야 한다. 신이 아닌 인간의 의지만이 세상을 바꿀 수 있다.

더 이상 신과 예언자에 의지하지 마라. 새로운 스승인 의지를 갖춘 인간, 초인에게 가르침을 받아라!

난 더 이상 신비로운 예언자가 아니다! 한 명의 의지를 갖춘 인간일 뿐이다!

하지만 차라투스트라의 이야기는 대부분의 사람에게 비웃음만을 당했습니다.

헛소리 집어치워!

당신이 그러고도 예언자라고 할 수 있나!

그러나 몇몇 사람은 그에게 가르침을 청했고 차라투스트라는 그들을 제자로 삼아 다양한 가르침을 내렸습니다. 그리고 시간이 흐른 뒤, 차라투스트라는 그가 머물던 산속 동굴로 다시 돌아갔습니다. 이것이 《차라투스트라는 이렇게 말했다》의 1부 내용입니다.

스승님, 어디로 가시는 겁니까?

사람들은 힘을 원하지. 그 힘이란 행복, 돈, 승리, 만족, 사랑, 건강일 수도 있어.

그런데 그 힘을 얻기 위해 가장 중요한 것은 자기를 이기는 것이야.

세상에서 제일 행복한 사람이란 자기 의지로 고난을 극복하고 힘을 손에 넣은 자, 바로 초인이지.

신에 의해 선택받지 않더라도 힘을 갖고 싶은 자기 의지만 있다면 누구나 초인이 될 수 있어!

그리고 초인들에 의해 세상은 아름답게 변할 거야!

니체는 종교가 삶의 일부였던 시기, 신은 죽었다고 이야기하며 운명에 수긍하는 인간을 부정하고 자신의 삶을 스스로의 의지로 이끌어 가는 인간을 강조했습니다. 이것은 니체가 자기의 철학을 완성했다는 것을 말합니다.

차라투스트라는 세상에서 가장 외로운 사람입니다. 그리고 나 역시 마찬가지고요.

제발 좀 쉬세요. 잠도 제대로 못 자지 않았습니까?

초인이라면 외로움조차도 행복을 얻기 위한 과정이라고 보겠죠? 난 초인이 될 겁니다. 그리고 누구보다도 행복해질 거예요!

무슨 말을 해도 소용없겠군요.

이제 나가 주시죠. 많은 시간을 뺏겼습니다.

저런 건강 상태로 일을 하면 금방 쓰러질 텐데.

탁

《차라투스트라는 이렇게 말했다》는 1883년에 1부를 집필한 것을 시작으로 1885년에 마지막 장인 4부로 끝을 맺었습니다. 니체는 평생 동안 이 책을 쓸 때처럼 행복한 적이 없었다고 말했습니다.

책의 제목이
《차라투스트라는
이렇게 말했다》라고?

책의 제목이 무척
흥미롭군.

니체의 책은 문학성이 매우 짙어서 철학서라기보다는
소설책으로 여기는 사람이 더 많았습니다.

이 책은 소설책이
분명해!

소설책이라고?
철학서 같은데?

거기다 등장인물의 대화가 지나치게 어려워서
사람들이 이해하기 힘들었습니다.

앞으로 새로운 시대가
온다는 뜻 아니었어?

초인은 누구를 말하는 거야?
정치 지도자? 전쟁 영웅?
아니면, 자기 자신?

'신은 죽었다' 라는 말의
숨겨진 뜻이 뭐야? 종교를
믿지 말라는 것인가?

오늘도 세상은
조용하구나!

이 때문에 《차라투스트라는 이렇게 말했다》는 출간된 당시,
학계에 별다른 영향을 미치지 못했습니다. 비록 대중에게
어느 정도 이름이 알려지기는 했지만, 유럽 철학계에서
니체는 여전히 무명 학자였습니다.

솔직히 나도 자네 작품을 제대로 이해하지 못하겠어.

당연해. 사람들은 아직도 전통이나 종교에 얽매여 있으니까.

종교에 대한 집착을 버려야 내 책을 제대로 이해할 수 있지.

하하, 그럼 독실한 신자인 난 평생토록 자네 작품을 이해하지 못하겠군.

그보다 몸은 어때? 지난번보다 더 안 좋아 보이는데.

가끔 날짜를 잊어버리기도 하고 문득 눈을 떠보니 외딴곳에 서 있을 때도 있지만, 그럭저럭 괜찮아.

그러지 말고 잠깐 글 쓰는 걸 쉬는 건 어때?

자넨 마치 내가 죽기를 바라는 것 같군.

뭐?

하아!

지금 쓰지 않으면 영원히 글을 쓰지 못할 테지. 글을 쓰지 못하는 난 시체나 마찬가지라네.

미안하네. 자네 의지를 잘못 파악했군.

내 몸은 내가 잘 알아. 아마도 내게 남은 시간은 그리 길지 않을 거야.

요즘은 전보다 눈이 더 안 보여서 타자 치기도 힘들어.

이후로도 니체는 계속해서 글을 썼고, 1888년 한 해 동안 《바그너의 경우》, 《우상의 황혼》, 《이 사람을 보라》 등 여섯 권의 책을 펴냈습니다. 그리고 이렇게 계속된 출간으로 니체는 서서히 알려지기 시작했습니다.

이번 작품들은 앞서 낸 책과 비교해서 꽤 중심이 잡혀 있어.

문체도 더 깔끔해졌군. 이 정도면 니체라는 학자에 대한 평을 신문에 실어도 되겠어.

니체는 이전의 도덕 법칙이나 가치를 버리고, 스스로의 힘으로 설 것을 주장합니다.

코펜하겐 대학교에서는 니체의 작품에 대한 강의를 열기도 했습니다.

그러나 안타깝게도 1888년은 니체가 제정신을 유지할 수 있었던 마지막 해였습니다. 오랜 병과 외로움으로 인해 니체는 *과대망상과 같은 정신 질환을 앓기 시작했던 것입니다.

난 어느 때보다도 행복해. 난 최고의 철학자야. 내가 세상에 태어난 순간이야말로 이 시대의 가장 큰 사건이지!

프리드리히. 자네……

나는 이 도시에서 제일 유명한 사람이야. 내가 길가에 들어서면 사람들이 모두 나를 쳐다 보네. 심지어 음식 값도 깎아 주지. 두 달 정도 지나면 난 세상에서 가장 유명한 사람이 돼 있을 거야.

독일의 젊은 황제와 부하들이 하는 짓이 마음에 안 들어. 난 독일을 망가뜨리고 싶어. 그래서 유럽 여러 나라 법정에 독일을 응징하라고 편지를 썼다네.

*과대망상: 사실보다 과장하여 터무니없는 헛된 생각을 하는 증상

신은 죽었다 **165**

니체가 정신 질환으로 미쳐 가고 있다는 사실을 제일 먼저 깨달은 것은 니체와 오랫동안 우정을 나눴던 오버베크였습니다.

아, 이 얼마나 가혹한 운명이란 말인가! 세기의 천재가 광기와 싸우며 필사적으로 자신이 아직 살아 있음을 증명하려 하고 있어.

니체는 하루에도 몇 번이나 광기에 빠져 제정신을 잃었고, 자신이 쓴 글을 보고 스스로 점점 미쳐 가고 있다는 것을 느꼈습니다.

탁

탁

나도 알고 있어. 내가 지금 제정신이 아니라는 것을. 곧 난 광기의 계곡으로 떨어져 다시는 빠져나오지 못할 거야.

오, 시간이여! 제발 내게 더 버틸 힘을 줘!

조금이라도 더 프리드리히 니체로 살 수 있게 해 줘!

1889년 1월 3일.

오늘은 유난히 기분이
좋군. 밖으로 나가
산책이라도 해 볼까?

아니!

이게 무슨 짓이야!
말이 불쌍하지도 않아!

뭐야!

당신이 뭔데…….

헉, 당신 왜 그래!

아, 안돼! 나한테는 아직도 쓸 게 많은…….

내가 안 그랬어요. 자기 혼자서 기절했다고요!

이제 정신이 좀 들어요?

으음.

펜과 조, 종이를…….

뭐라고요? 잘 안 들려요.

내가 뭘 하려고 했지? 뭔가 써야 하는데…….

그런데 난 누구지? 도대체 뭘 쓰려고 하는 거지? 아아…….

말을 감싸다가 쓰러진 니체는 더는 제정신을 유지하지 못했습니다. 그는 미친 듯이 노래를 불렀고, 소식을 듣고 찾아온 친구들에게 자신이 그리스의 신인 디오니소스라고 주장하기도 했습니다.

난 디오니소스다! 내 친구 아폴론은 어디 있지? 제우스는?

이후 니체는 정신 병원에 입원했다가 치료할 수 없다는 판정을 받고 어머니와 여동생이 있는 나움부르크로 보내졌습니다.

난 독일의 황제다! 모두 내 앞에 무릎 꿇어라!

프리드리히, 제발 정신 좀 차리렴!

오빠 걱정하지 마. 오빠가 하고자 했던 일은 내가 잘 마무리해 줄게.

1897년, 정성스럽게 니체를 간호하던 어머니가 세상을 떠났습니다. 그리고 여동생인 엘리자베트가 어머니의 뒤를 이어 니체를 돌봤습니다.

엘리자베트는 어린 시절부터 니체를 무척이나 존경하고 따랐습니다.
그래서 자신이 누구보다도 니체에 대해 잘 알고 있다고 여겼습니다.

이 정도면 오빠의 새로운
책을 만들 수 있겠어!

엘리자베트는 니체가 미처 출간하지 못했던
글이나 낙서들을 필사적으로 모아 책을
출간하기도 했습니다.

아직 세상은 오빠를
인정할 준비가 되지 않았어.
하지만 걱정하지 마.

내가 오빠를 유명하게
만들어 주겠어!
니체 박물관도 만들고
오빠에 대해
강연도 할 거야.

1900년 8월 25일.

오빠!

에, 엘리자베트?

오빠!
날 알아보는 거야?

그동안 고마웠다.

안 돼! 오빠, 안 돼!

나, 난 보여. 초인이 세상을 바꾸는 모습이.
초인이 인류에게 지구를 사랑하는 법을
가르치는 모습이……. 지구는,
그리고 세상은 아름다워질 거야.

정신병으로 고통받던 니체는 쉰여섯 살이
되던 해, 조용히 숨을 거뒀습니다.

오빠!

죽을 때까지 니체는 철학자로서는 거의 무명에 가까웠습니다.
그러나 니체가 죽은 뒤, 그에 대한 재평가가 이루어지기 시작했습니다.

니체는 인간을 억압하는
모든 것들을 철저히 부정했어.
도덕과 권위, 진리와 종교 등에
얽매이면 인간이 갖춘 고유한
능력을 끌어낼 수 없다고 했지.

그는 '운명이란 것은 없다.
인간은 자기 의지로 앞날을
변화시킬 수 있다!'고 했어.

그래서 그는 살아있을 때,
종교학자나 도덕학자들에게 많은
비판을 받았지. 모든 것을 부정하는
허무주의자라고 말이야.

맞아. 하지만 니체는
그 누구보다 인간의 힘과 가능성을
믿고, 인간을 긍정적으로
생각한 사람이야.

그리고 얼마 뒤, 사람들은 두 번에 걸친 세계 대전을 겪게 됩니다.

콰 쾅   콰 앙   쿠아앙

이런 처참함이라니!

신이 있다면
이럴 수 없어.

신은 왜 우리에게
이런 고난을 주는 거지?

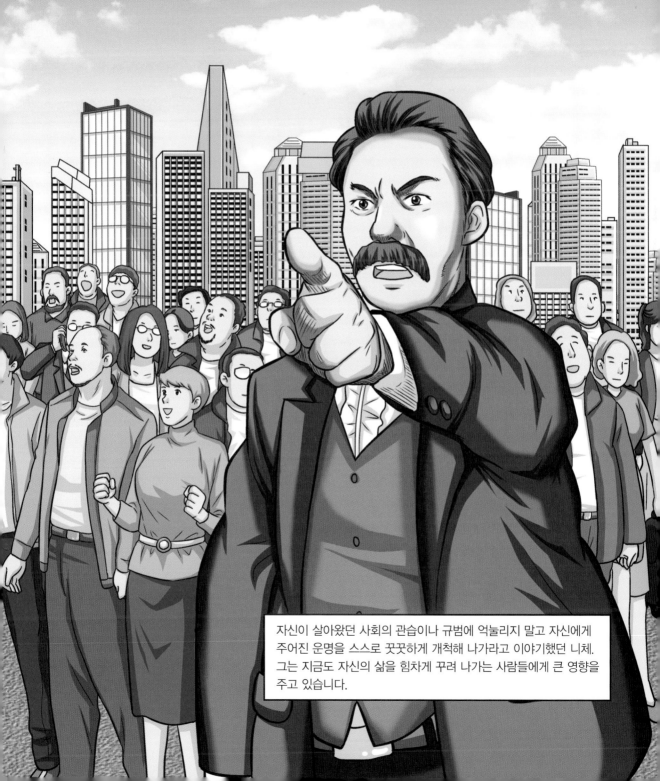

니체가 태어난 19세기 사회에서 기독교를 정면으로 부정하는 것은
매우 고독한 행위였습니다. 하지만 니체는 세상을 바꾸는 데에는
신이나 종교, 도덕보다 인간의 의지가 더 중요하다고 주장했습니다.
그는 종교란 틀 안에서 소외됐던 인간 의지의 중요성에 주목했던 것입니다.

자신이 살아왔던 사회의 관습이나 규범에 억눌리지 말고 자신에게
주어진 운명을 스스로 꿋꿋하게 개척해 나가라고 이야기했던 니체.
그는 지금도 자신의 삶을 힘차게 꾸려 나가는 사람들에게 큰 영향을
주고 있습니다.

who?와 함께라면 미래가 보인다

어린이
진로 탐색

철학자

어린이 친구들 안녕?
프리드리히 니체 이야기 재미있게 읽었나요?

그렇다면 이제부터
프리드리히 니체가 꿈을 키워 가는 과정을 함께 되짚어 보며
그가 활동한 분야와 그 분야에 속한 다양한 직업에 대해
살펴봐요!

또한 여러분에게는 어떤 장점과 적성, 가능성이
숨어 있는지 찾아보면서
그것을 어떻게 진로와 연결시킬 수 있는지에 대해서도
알아봅시다!

그럼 지금부터
여러분이 멋진 꿈을 향해 나아갈 수 있도록 도와줄
진로 탐색을 시작해 볼까요?

자기 이해부터
진로 체험까지,
다양한 진로 탐색
활동을 시작해 봐요!

어려움을 극복하고 성공했던 경험을 떠올려 봐요!

니체는 병이 깊어 산책조차 힘든 상황에서도 자신의 생각을 글로 남기기 위해 온 힘을 다했습니다. 결국 니체는 자신의 삶을 스스로의 의지로 개척해 가는 이상적인 인간의 모습을 그린 《차라투스트라는 이렇게 말했다》를 집필하는 데 성공했지요. 목표를 세우고 그 목표를 향해 나아가다 보면 수많은 고난을 만날 수 있습니다. 하지만 니체처럼 의지를 갖고 고난을 극복한다면 목표를 이룰 수 있어요. 다음의 예시를 보고, 여러분은 그동안 어떤 목표를 정하고 어떻게 고난을 이겨 냈는지를 적어 보세요.

목표	일주일에 책을 한 권씩 읽고 독후감을 쓰겠다고 결심했다.	
고난	숙제를 하거나 공부를 핑계로 책을 읽지 않고 건너뛰는 많았다.	
극복 과정	하루에 30분씩 책 읽는 시간을 정해 조금씩 읽어 나갔다.	
결과	책 읽는 습관이 생겨서 공부를 할 때도 더 집중할 수 있게 되었다.	

지금 하는 공부는 미래에 어떤 영향을 미칠까요?

니체는 어렸을 때부터 문학이나 음악과 같은 예술 분야의 지식을 쌓았어요. 그래서 작가가 되고 싶어 했지요. 아버지를 따라 목사가 되기 위해 신학을 공부하기도 했어요. 종교에 대한 믿음이 옅어지면서 옛 문헌을 공부하는 문헌학을 공부하기도 했어요. 이처럼 니체는 여러 가지 공부를 하면서 자신이 무엇을 하고 싶은지를 찾아 나갔어요.

여러분도 학교나 그 외의 활동을 통해서 여러 분야의 공부를 하고 있을 거예요. 어떤 과목에 가장 관심이 있는지, 또 그 공부가 자신의 미래에 어떤 도움이 될지에 대해서 생각해 보세요.

내가 좋아하거나 잘하는 과목은 무엇일까?	왜 내가 그 과목을 잘하거나 관심이 있을까?	관련 직업에는 어떤 것이 있을까?
국어	책을 읽는 것이나 글을 쓰는 게 재미있다.	시인, 소설가, 국어 교사, 카피라이터, 방송 작가

진로 탐색 STEP 3

철학자는 어떤 일을 할까요?

철학은 가장 오래된 학문 중 하나입니다. 사람은 어떤 존재인지, 세상은 어떻게 구성되어 있는지, 어떻게 살아가야 하는지 등 누구든 한 번쯤은 꼭 생각해 보아야 할 삶의 근본적인 문제에 대해서 연구하는 학문이기 때문이지요. 철학자들은 어떠한 질문을 놓고 고민하며, 어떠한 답을 내놓았을까요? 다음의 철학적 질문에 대한 유명 철학자의 답을 살펴보고, 자신이라면 어떤 대답을 할 것인지도 생각해 보세요.

"세상은 어떻게 만들어졌을까?"

탈레스   세상의 모든 것은 물로 이루어져 있어. 그러니 세상은 물에서 나왔다고 할 수 있지.

나의 생각

"무엇이 옳고 무엇이 그른지 어떻게 판단할까?"

벤담   인간은 행복(쾌락)을 원하고 불행(고통)은 싫어해. 그러니 많은 사람이 행복할수록 옳은 것이야.

나의 생각

진로
탐색
STEP 4

철학책을 만들어 보아요!

니체는 자신의 생각을 글로 표현하는 데 탁월한 재능이 있었어요. 자신이 생각하는
이상적인 인간의 모습이나 관계에 대한 생각을 글로 써냈어요. 이처럼 철학자는 책을
통해서 올바른 것은 무엇인지, 무엇을 위해 살아야 하는지 등에 대한 자신의 생각을
드러냅니다. 사람들은 이 책을 통해 철학자의 생각을 알게 되지요.
여러분이 생각하는 이상적인 인간은 어떤 모습인가요? 여러분의 생각을 책으로
낸다면 어떤 내용을 적을지 상상해서 적어 보세요.

※ 책 제목은 무엇인가요?

※ 어떤 사람을 훌륭한 사람이라고 말하고 싶나요?

※ 《차라투스트라는 이렇게 말했다》는 가상의 인물을 소개하는 이야기의 형식을
빌려왔어요. 나는 어떤 방법으로 훌륭한 인간상을 그려낼 수 있을까요?

진로
탐색
STEP 5

깊이 생각하는 습관을 길러요!

니체는 사람들이 당연하게 생각하는 것들에 대해서 의문을 품고 깊이 생각하려
했어요. 당시 사람들과는 달리 종교와 신에 대해서도 의문을 품었고, 결국 종교나 신에
의지하기보다는 스스로의 힘으로 삶을 살아가는 것이 중요하다는 결론을 내렸지요.
여러분도 니체처럼 한 가지 주제에 대해 여러 질문을 던지며 깊이 있게 생각하는
습관을 가져 보세요. 다른 사람들이 미처 생각하지 못했던 면을 발견할 수 있을
거예요.

우정에 대하여

✳ 왜 어떤 사람과는 친해지기 어려울까?

✳ 모든 사람과 친구가 될 수 있을까?

✳ 친구와의 우정은 영원할 수 있을까?

✳ 어떻게 친구들과 더 친해질 수 있을까?

182

비판적 시각으로
동화를 읽어 보아요

니체는 비판적인 시각으로 세상을 볼 줄 알았고, 이는 그를 진정한 철학자로
거듭나게 했어요. 이렇듯 어떠한 사건이나 상황에 대해 옳고 그름을 따져보는 태도는
우리의 생각을 한층 성장하게 합니다. 아래에 나온 인어 공주에 대한 글을 비판적
시각으로 읽은 뒤, 자신의 생각을 이야기해 보세요.

안데르센의 동화에 나오는 인어 공주는 왕자를 무척 사랑했지만, 왕자의 사랑을
얻지는 못했어요. 사랑을 얻지 못한 인어 공주가 다시 바다로 돌아가기 위해서는
왕자의 가슴을 칼로 찔러야 했지만, 인어 공주는 그렇게 하지 못했지요. 결국,
왕자의 결혼식 날 인어 공주는 바다에 뛰어들어 공기의 정령의 되었답니다. 인어
공주는 왕자를 찌르지 않았던 것을 후회하지 않았을까요?

예 난 인어 공주가 후회했을 거라고 생각해. 사랑하는 사람의 행복을 지켜 줬다고는
하지만, 결국 자신은 사랑을 이루지도 못하고 가족의 곁으로 돌아가지도 못한
거잖아.

프리드리히 니체

1844년		10월 15일, 독일 뢰켄에서 목사 카를 루트비히 니체와 프란치스카 욀러 사이에서 태어났습니다.
1849년	5세	아버지가 뇌연화증을 앓다가 사망했습니다.
1850년	6세	남동생 요제프가 사망했습니다.
1858년	14세	포르타 공립 학교에 진학했습니다.
1864년	20세	본 대학교에 입학했습니다. 하지만 신앙을 포기하면서 다음 해 라이프치히 대학교로 편입했습니다.
1867년	23세	군대에 들어가 일 년간 복무했으나 말에서 떨어져 다치며 다시 학교로 돌아왔습니다.
1868년	24세	리츨 교수의 소개로 음악가 바그너와 만나 친분을 맺었습니다.
1869년	25세	바젤 대학교의 고전 문헌학 교수가 됐습니다.
1872년	28세	《비극의 탄생》을 출판했습니다. 이 책은 니체가 정식으로 출간한 최초의 책입니다.
1878년	34세	《인간적인, 너무나 인간적인》을 썼습니다. 이 시기 건강 악화로 신경이 점점 예민해졌고 바그너에게 크게 실망한 뒤, 그와 결별했습니다.

1879년	35세	건강이 안 좋아져 바젤 대학교 교수직에서 물러나 휴양 여행을 떠났습니다.
1882년	38세	로마 여행 중에 여류 문학가 루 살로메를 만나 두 번 청혼했으나 모두 거절당했습니다. 실연의 상처로 병이 점점 깊어졌습니다.
1883년	39세	《차라투스트라는 이렇게 말했다》 1부를 쓰기 시작했습니다.
1885년	41세	《차라투스트라는 이렇게 말했다》 4부작을 모두 완성했습니다.
1888년	44세	《바그너의 경우》, 《이 사람을 보라》 등을 출판했습니다.
1889년	45세	알베르토 광장을 산책하던 중 채찍에 맞는 말을 감싸다가 쓰러졌습니다. 이후 십여 년간 정신 질환에 시달렸습니다.
1897년	53세	정신 질환에 시달리고 있는 아들을 돌보던 어머니 프란치스카 욀러가 사망했습니다.
1900년	56세	8월 25일, 독일 바이마르에서 사망했습니다.

who? 한국사

초등 역사 공부의 첫 단추! '인물'을 알아야 시대가 보인다

● 선사·삼국 ● 남북국 ● 고려 ● 조선

※ who? 한국사(전 47권) | 대상 초등학교 전 학년 | 책 크기 188×255 | 각 권 페이지 190쪽 내외

who? 인물 중국사

인물로 배우는 최고의 역사 이야기

※ who? 인물 중국사(전 30권) | 대상 초등학교 전 학년 | 책 크기 188×255 | 각 권 페이지 190쪽 내외

who? 아티스트

최고의 명작을 탄생시킨 아티스트들을 만나다

● 문화·예술·언론·스포츠

※ who? 아티스트(전 40권) | 대상 초등학교 전 학년 | 책 크기 188×255 | 각 권 페이지 190쪽 내외

who?! 인물 사이언스

기술로 세상을 발전시킨 과학자들의 이야기

※ who? 인물 사이언스 (전 40권) | 대상 초등학교 전 학년 | 책 크기 188×255 | 각 권 페이지 180쪽 내외

who?! 세계 인물

세상을 바꾼 위대한 인물들의 이야기

※ who? 세계 인물 (전 40권) | 대상 초등학교 전 학년 | 책 크기 188×255 | 각 권 페이지 180쪽 내외

who?! 스페셜 · K-pop

아이들이 가장 만나고 싶고, 닮고 싶은 현대 인물 이야기

※ who? 스페셜 · K-pop | 대상 초등학교 전 학년 | 책 크기 188×255 | 각 권 페이지 190쪽 내외